WEALTH

天窗出版

瞄準 新世代 增長股

簡志健（紅猴） 洪龍荃 著

目錄

第一章：甚麼是新世代增長股？

第二章：多角度發掘增長股

第三章：判斷增長股的投資價值

第四章：焦點一：互聯網新經濟

目錄

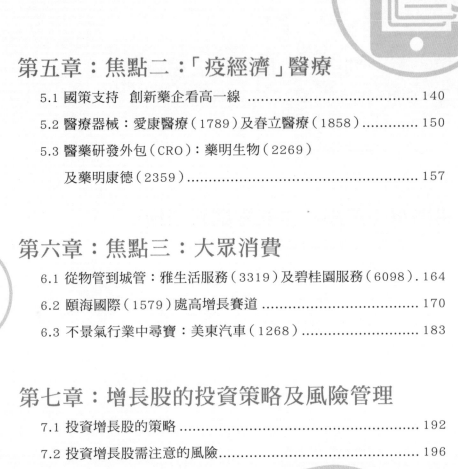

世界現變局，看準增長股

洪龍荃與簡志健兩位先生皆為我旗下中原資產管理的投資總監。他們合作成立了一個接受客戶全權委託管理的投資組合，名為「中原博立」。這個投資組合在 2020 年上半年的表現非常突出，當恒生指數下跌 13%，此組合大幅跑贏大市，並取得不錯的正回報。

他們究竟是憑甚麼令自己管理的投資組合有這麼好的表現呢？相信有很多人都有興趣知道。《瞄準新世代增長股》這本他倆合作的著作，應該可以為這個問題提供他們自己的答案。

新冠肺炎在全球蔓延後，各國都行寬鬆的貨幣政策，令投資市場一片興旺，令講解投資竅門的書籍特別好銷。但有個別讀者，大都急功近利，指望書中會有一些買股貼士，供他們照着投資。這可不是一種值得鼓勵的投資態度。因為這只會辜負了兩位作者一番好意。

形勢轉變後，增長股可以變成追不上形勢的落後股，而即使是增長股，亦不是任何時間，任何價位都值得買入，書籍出版需時，出書絕非推介個別股票的有效途徑。再者，作者作出分享後，並沒有途

徑通知那些按著書中分享而作出投資的讀者，該在甚麼時候賣出，以致有些讀者可能「捉到鹿唔識脫角」。

因此，讀者在看這本書的時候，不應只着重作者所作的結論，而更應該留意作者觀察事情的觀點與角度，以及在分析問題時所採用的推敲方式，這才是學會後可以自行運用的竅門。

我自 1976 年起已涉足股票市場，我個人的經驗是，要在股票市場賺錢，並不容易。尤其是我們現在面對的是一場全球性的根本性的大變局。政治上，原有的勢力平衡，看來已無法維持，各國可能都要重新定位，及重建盟友。經濟上，隨著互聯網、大數據與人工智能的高速發展，營商方式亦已經出現急劇的轉變，很多追不上形勢的傳統企業都可能被淘汰。在這樣的時代，當然會出現很多投資機會，但亦會很容易就掉進難以自拔的投資陷阱。希望讀者能從這本書中，汲取到兩位作者的智慧，無懼風浪，滿載而歸。

自序 洪龍荃

因為一次模擬投資比賽引發了我對投資的興趣，自小在爸爸及叔叔的循循善誘下學習並實踐「價值投資」，並立志將興趣變成終生事業，成為一位基金經理。自少熱愛閱讀，尤其是名人傳記、歷史及投資書籍，因緣際會下也受到拍檔 Michael（簡志健）的博客「紅猴股評」啟發而成為第一代的投資 KOL，開始在網上世界縱論金融投資。後來也有幸得到出版社青睞，推出了一系列「一步步致富」投資書籍，廣受年輕讀者歡迎。

大學選修英國文學，從閱讀眾多文學作品中學到如何分析文字背後的隱含意義，對日後的投資分析工作帶來莫大裨益。畢業後加入亞洲區著名的對沖基金「惠理基金」，從分析員一步步晉升至基金經理，旗下管理之基金曾連續兩年獲 HFMWeek Aisa 頒發大中華區最佳 7 支對沖基金。

2017年，與拍檔 Michael 創立投資品牌「博立」，並於 2019 年正式與中原資產管理合作，重塑品牌為「中原博立」，目標成為香港本地價值投資的一個新興代表。我們從零開始，慢慢積聚一個又一個客戶；感恩的是越來越多志同道合的夥伴選擇與我們同行，對我們投下信任的一票，把辛苦累積回來的資產交託予我們管理，讓我們為

財富增值。三年過去了，感恩的是客戶夥伴的數目和管理的資金也取得顯著增長，我們將繼續始終如一，堅守價值，創造回報。我們從來不能保證任何回報，但是卻能保證我們是盡忠職守的基金經理。

一直以來，我們把客戶夥伴的每一分錢也看得很重，只因我們深深知道他們的一分一毫來得絕不容易，而且我們很珍惜這份信任，因此定必用盡心力把資金管理好。從惠理基金入行開始，我的恩師 Eric 已經告訴我，建立一個品牌很難，摧毀一個品牌卻很容易；今天的「博立」或許還是一個相對年輕的品牌，但是我們卻把「博立」看得很嚴謹、很遠大，我們的目標是做到可以持續穩定為客戶資產增值的優秀基金經理。

最後，我想藉此機會衷心感謝我的父母、太太、拍檔 Michael、惠理基金恩師 Eric、中原集團創始人兼董事施永青先生、利嘉閣地產主席施慧勤小姐、中原金融集團行政總裁王紅衛先生及中原資產管理董事梁鈞宇先生及一眾中原金融同事的支持和鼓勵。當然，也少不了衷心感謝天窗出版社及編輯 Sherry 不辭勞苦的鼎力協助，才有此書面世。

祝願各讀者投資一帆風順！

自序 簡志健

我在1994年於中文大學工商管理系畢業，並主修財務，但這並不代表當時已懂投資股票。那些年的大學裡並沒有甚麼投資氣氛，不能和現時相比，互聯網剛起步，資訊亦相對貧乏。反而，大學畢業後，憑著持續閱報及看書而學會投資股票，1995年尾買入了第一隻股票，不經不覺已差不多25年，此書正好作為我投資上其中一個里程碑。正因自己的經驗，我也一直不介意分享自己的投資心得，好讓有興趣投資股票的有心人可以走少些冤枉路，並認清投資股票的正確態度。

我可算是香港第一代的投資KOL，2005年由以筆名「紅猴」寫Blog開始為人認識，其後隨著時代步伐透過Facebook及YouTube等社交渠道作出分享，令到更多人認識自己。其實投資也是一樣，需要與時並進，社會在不斷演變，市場資金的思路也不斷進化，我們若果墨守成規，投資便難以取得好成績。

我並非天生的跑者，但是憑着一步一腳印，由十公里比賽開始，現在已完成了四次全程馬拉松。我並非資訊科技科班出身，也未具電訊相關工作經驗，但是憑着一股衝勁，在一班同業幫助下，在2001年創立一個有關無線科技的業界商會，並落手落腳經營了十

年，至今仍是香港資訊科技界重要商會之一。我在大學畢業後才開始學習投資，畢業後也並非在投資行業工作，但是憑着持續的閱讀及分析，現在已經為客戶管理以億計的金錢，並做出理想成績。我相信任何人只要憑着學習及堅持，也可以在自己的工作及興趣上，發光發熱，並為社會建立價值出一分力！

我想藉此機會衷心感謝我的父母、太太及家人，一直以來對自己熱衷工作的包容；感恩認識到拍檔 Larry（洪龍荃）和與他合作，他的熱誠及幹勁，倒逼我更加努力，突破自己；「中原博立」至今有點成績，當然很感謝中原集團創始人兼董事施永青先生、利嘉閣地產主席施慧勤小姐、中原金融集團行政總裁王紅衛先生及中原資產管理董事梁鈞宇先生的賞識，也高興得到一眾中原金融同事的支持和鼓勵，更感恩客戶夥伴給予的信心及支持；本著作得以面世，天窗出版社編輯 Sherry 及其同事自然功不可沒。在自己四十多年的學業和事業的經歷上，有很多有心人也曾幫上一把，抱歉未能一一列出，感恩之心，盡在不言中！

祝願各讀者投資順境！

第一章

甚麼是
新世代
增長股？

1.1 增長股的 催化劑

自2008年金融海嘯後，全球持續量寬加上低息環境，通脹卻依然低企，引證市場上多出的資金並非流入普羅市民的口袋，而是握在有錢人的手上，他們並非去購買衣食住行基本所需，而是去買入優質資產，香港房地產價值自金融海嘯後一直升溫，遇經濟及社會風浪也未見大調整，正因如此。在股市上，美股也迎來超過十年的牛市，焦點放在新經濟及創新醫療相關股票上，可是大家看恒生指數十多年間只在區間徘徊，便認為港股並未受惠於全球量寬，似乎便捉錯用神，只是市場資金越來越聰明，越來越聚焦買入優質增長股，股價持續上升的是這類股票，而非作風保守，追不上時代變遷的大部份恒指成份股。

新世代增長股是非題

✓ 處高增長賽道的領先企業，如網上醫藥、網上教育、中國物業管理、創新藥、醫療器械等

✗ 作風保守，追不上時代變遷的大部份恒指成份股

低息環境下追逐高增長企業

現時量寬加上低息環境下的投資環境，市場資金的普遍策略是買入優質增長型公司的股票並坐著不放，靠目標公司持續增加市場佔有率及盈利增長以對沖不斷上升的估值風險，若公司營運保持好的狀態，競爭力維持優勢，股價大跌不易，因當股價調整到某幅度資金便會衝出來吸納。因此，投資增長股的風險除了公司本身失卻競爭優勢，增長前景不再外，低息環境能否持續，或許是更重要的因素。不過2020年的新冠肺炎全球疫情，對整體經濟影響深遠，低息環境有不少機會將維持一段較長時間，而事實上，美國聯儲局局長於2020年9月明言，預期在2023年或之前也不會加息。

看看香港的情況，2015年上半年，港股經歷只維持數個月的「大時代」，如以往大牛市般雞犬皆升，不排除那是最後一次全面性的非理性亢奮；2017年，恒生指數升38%，但雞犬皆升不再，升勢只集中在大中型股票；2019年，恒生指數升11%，但部份行業的公司股價升幅明顯較大。2020年上半年，經歷新冠肺炎的兩度衝擊，恒生指數下跌13.4%，部份於早一年股價表現理想的行業卻風光不再，市場資金的目光更遠，聚焦在預期未來數年有高增長賽道的領先企業上，這些股票股價更逆市創新高。

以醫藥板塊為例，兩隻恒指成份股石藥集團（1093）及中國生物製藥（1177）於2019年同步上升，升幅理想，可是到2020年卻表現各異，市場資金更喜愛研發能力較強及在研藥物較有前景的中國生物製藥，其股價上升，石藥集團股價卻處弱勢下跌。

圖表1.1 石藥集團（1093）股價走勢（2019年初至2020年中）

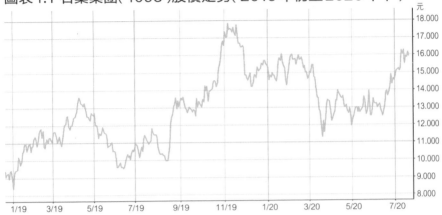

圖表1.2 中國生物製藥（1177）股價走勢（2019年初至2020年中）

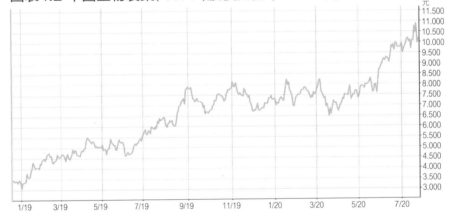

同樣事情也發生在整個醫藥板塊，以PD-1治癌創新藥為主打的未有盈利的生物醫藥公司，俗稱醫藥B股的信達生物（1801）及君實生物（1877）等股價輾轉上升，偏向聚焦仿製藥的傳統醫藥公司股價卻大多表現不理想，引證市場資金的選擇。

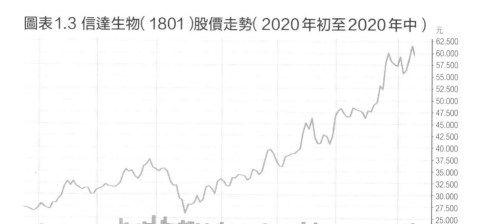

圖表1.3 信達生物(1801)股價走勢(2020年初至2020年中)

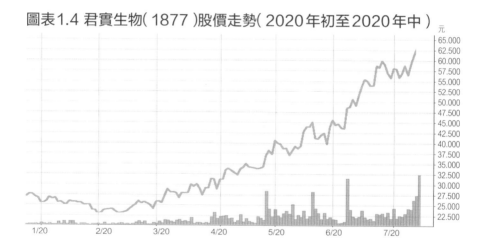

圖表1.4 君實生物(1877)股價走勢(2020年初至2020年中)

在整個港股中，股價上升股票的數目越來越少，可見資金越來越揀擇，要在股市投資有成績，選股變得越來越重要。

用望遠鏡看公司

市場資金的風向已經改變，不用顯微鏡，而是用望遠鏡看公司，看得比較長遠，以三年後、五年後、甚至十年後的估值為目標作出投資，今年的估值高低變得其次。假設公司現時股價$10，經調研分析後認為五年後估值可見$100，但短線投資氣氛差劣，股價有機會調整到$7，中長線資金的選擇會以現價$10買入，因為他們用望遠鏡看到的是$100。他們知道若果以$7買入，回報可以更理想，可是也知道投資者往往高估了預測股價短期走勢的能力，知道股價短期走勢根本就很隨機，所以不會用顯微鏡去看這些股價變動，因為股價短線未必會回調。若果股價真的跌至$7，他們甚至會基於對此公司的信心而加大投資金額。

另一方面，公司是否正在賺錢並非是市場資金的主要考量，最重要是看公司管理層的商業策略和執行力，是否可以令其在所屬高增長賽道保持競爭優勢，於未來脫穎而出並取得大部份的市場佔有率。於過往十多年的美股牛市，Amazon（AMZN.US）及Tesla（TSLA.US）股價是升幅明顯較巨大的公司，期間也經歷長期虧損，甚至營運活動現金流流出，但中長線資金仍不離不棄，繼續支持，因為看好其創辦人可以帶領公司在所屬行業能夠成為明顯王者，更有能力開拓其他範疇發展。

20

圖表1.5 Amazon(AMZN.US)股價走勢(2010年初至2020年中)

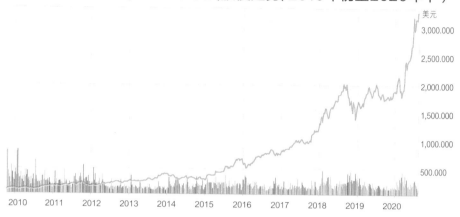

圖表1.6 Telsa(TSLA.US)股價走勢(2011年初至2020年中)

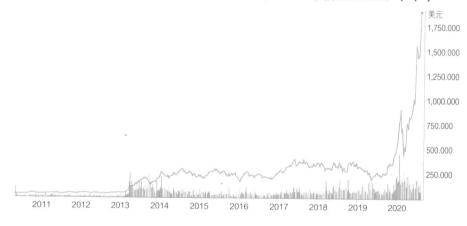

Saas公司突圍而出

美股大牛市下,除了Amazon及Tesla等較知名公司外,也造就
了不少神話似的股票,好像Shopify(SHOP.US)的股價自2016
年起升了超過25倍,市值於2020年中達700億美元,其主業是

提供雲端（Cloud）服務，較專門的可稱為 Saas（Software as a Service），幫助零售商開設簡單社交網店，有背景設計，可加不同產品，可提供宣傳折扣，可連繫電子支付，收取月費，最便宜每月 29 美元便可，零售商不需前期投資，快則十數分鐘已可開店，若肯每月多付點錢，網店便可提升，更美觀更多功能，另外若要在不同熱門社交媒體落廣告，要安排物流等，Shopify 也可幫忙，當然另需付費。業務看似不大複雜，相類競爭對手及抄襲者亦存在，但能突圍而出，執行力是不少人忽視的重要元素，還記得在 2015 年已認識 Shopify，源於財經雜誌 Fortune 一篇文章，提到當時 Amazon 決定結束旗下供小型網店使用的 Amazon Webstores 服務，並建議他們轉用此服務的競爭對手 Shopify，強大如 Amazon 也認為 Shopify 做得比自己更佳更有效率，可見 Shopify 的實力。Shopify 一直錄得虧損，但營運活動現金流則錄得流入，市場正預期 2020 年開始錄得盈利，但因需不斷投入研發以保持競爭力，要靠持續股權融資補充現金，若果以傳統角度以顯微鏡看，股價應該受到負面影響，就是因為現今市場資金以望遠鏡看其未來前景，認為對科網企業而言，搶佔市場比現金流更重要，不集資便沒競爭力而被淘汰，若果大家不改變傳統的投資思維，便難於適應現今的股市生態。

圖表1.7 Shopify（SHOP.US）股價走勢（2016年初至2020年中）

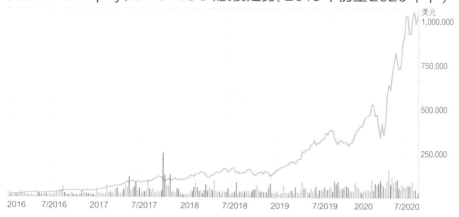

罕有優質企業獲青睞

市場資金維持於高水平，而擁有大部份資金的投資者的智慧也越來越高，不想冒太高風險的會投資在債市及樓市上，投資在企業股權的資金反而越來越傾向冒風險以爭取更高回報，肯冒最高風險的投資者會組成風險基金去投資初創企業，希望能在一籃子投資的公司中有數間脫穎而出，可以得到以十倍計的回報。其他投資在股市的也不甘心只是買入那些增長不再，只管派息吸客的傳統企業上，而是希望坐一坐已並非初創的增長企業的順風車。

這些資金盯上的股票，估值在傳統概念上已經變得很高，預期市盈率動輒也是數十倍，如醫療器械的愛康醫療（1789）、春立醫療（1858）等，物業管理的雅生活（3319）、碧桂園服務（6098）等，

甚至有些預期在未來一兩年還未賺錢，如網上教育的新東方在綫（1797），網上醫療的平安好醫生（1833）等，不少更是現時稱為新經濟行業的科網企業，很容易令人聯想到2000年科網股爆破的慘淡情景。

不過，相比起以往如科網股的股市泡沫，現時的市場資金並不是無的放矢，反而將要求越加提高，要符合他們增長股的要求亦越來越難。首先，要揀選一個未來有很大增長潛力的行業，如網上醫藥、網上教育、消費品牌、中國物業管理、電動車、創新藥、醫療器械等；接著，要揀選這些行業中最具競爭優勢、商業模式最能發揮行業潛力、管理層有願景及有心做大做強的公司；當然，投資後仍需要不斷檢視行業及個別公司的最新變化。

越來越多投資者認為近幾年的股市越來越難賺錢，因為他們難以抽出足夠的時間去分析及發掘這些被市場選中的增長型公司。他們只好跟隨市場及傳媒的主流推介，但並非每一個被大力吹捧的板塊，都會表現理想，好像自2019年便熱度十足的5G相關股票，大部份到2020年中表現仍是不理想。我們自2019年已多次公開評論對5G相關股票有所保留，因為有關5G的商業模式仍很模糊，不少情況得到的邊際利益相對使用4G時不大明顯，而有些主要應用如自動駕駛汽車需要用到的低時延及物聯網，要到網絡營運商重鋪5G基站(Standalone － SA模式) 才可以發揮效用，可是世界上大部份在2020年提供的5G服務，網絡營運商只是將現有4G基站提升

至5G(Non Standalone - NSA模式)，而大部份投資者根本不知道箇中分別。另外，我們也不只一次提到市場未有正視中國鐵塔(0788)的局限，就是佔有其股權超過75%的中國電信(0728)、中國聯通(0762)及中國移動(0941)為公司主要客戶，在租金上的討價力基本上很低，而事實上於2020年上半年業績顯示，管理層對租金提升仍有保留。我們並非不看好5G的潛力，但5G只是一個載體，相信未來焦點在應用上，而我們看好的互聯網新經濟及電動車公司等將會是最大的受惠者。

1.2 增長股 重新定義

甚麼是增長股？當然就是要增長，那麼要哪方面的增長？傳統定義可以是這樣：

- 收入及每股盈利正在上升；
- 營運現金流入正在增加；
- 並預期以上兩點，於未來一段時間「持續」上升趨勢。

不過，隨著時間流逝，很多事情也在轉變，我們投資股市十多二十年，市場資金的投資方向也經歷了至少數代的變化，除非我們可以控制市場，不然便要適應市場，以免落後市場，甚至被市場淘汰。

市場近年已為增長股下了新的定義：

- 公司現時收入可以是零；
- 盈利可以是負數；
- 甚至營運現金正在流出，如部份未有盈利的生物科技公司及科網公司般；
- 不過公司需處於市場認為是高增長的行業，增長空間還有很多的行業；

- 而市場相信管理層有能力帶領公司建立競爭優勢，最終可以在此行業取得領導地位，從而比行業取得更高的增長；
- 市場資金會分析管理層的商業策略及執行力，是否可以令公司在所屬高增長賽道保持競爭優勢，並持續創造價值，若果充滿熱誠的創辦人仍是主要的管理層，可謂事半功倍。

以信達生物（1801）為例，是一間未有盈利的生物科技公司，營運現金流自2016年起，流出金額每年也在增加，因為其首隻研發藥物主要自2019年才產生收入，仍有很多在研藥物需要投入研發開支，已上市銷售的藥物也需要銷售及市場推廣開支，不過市場資金的焦點會放在公司在研藥物於未來能夠研發成功並上市銷售所產生的龐大收益。

圖表1.8　信達生物（1801）營運現金流（2016年至2019年）

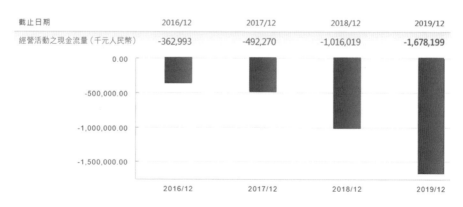

截止日期	2016/12	2017/12	2018/12	2019/12
經營活動之現金流量（千元人民幣）	-362,993	-492,270	-1,016,019	-1,678,199

市場重視收入增長及未來盈利

當然，若公司現在已錄得盈利，情況會更理想，但現時市場資金重視的並非此刻的盈利，而是未來的盈利。

相對盈利，收入增長更為重要，因為規模未能高速增長以搶佔市場的公司，未來競爭力或會受損。

至於營運現金流，正在流入當然更好，但市場資金並不介意營運現金正在流出的公司，反而會注視公司在市場的集資能力，以持續提供資金去增強自身競爭力及增加市場規模。

1.3 市場資金的 四個級別

我們會將市場資金分為四個級別，不同級別資金的投入代表市場的進程。第一級別資金是市場的領導者，無論大市氣氛好壞，會持續投資在確定性高的優質高增長型公司如美團點評（3690）、信達生物（1801）、頤海國際(1579)等，聚焦的是中長線投資回報，而非短期的估值高低。

當大市氣氛好一點，吸引第二級別資金進入市場，他們的要求不會有第一級別資金般高，投資不需去得那樣極致，會投資在確定性相對較低的良好增長型公司，如小米集團（1810）、石藥集團（1093）、蒙牛乳業(2319)等，因為短期估值相對優質增長股較低。

當大市氣氛再好一點，會吸引第三級別資金進入市場，他們會投資在沒有增長確定性的大型好公司，如領展（0823）、安徽海螺（0914）等，也開始買入中小型好公司，因為短期估值相對優質增長股及良好增長股較低。

當大市氣氛更好一點，會吸引第四級別資金進入市場，他們會藥石亂投，主要買入股價先前升幅遜色的股票，到了此時，整體股市風險系數會變得很高，隨時有泡沫爆破的風險，而第一級別資金所投資的優質增長股估值上多以反映下一年度以後的價值，也有機會隨大市回調，但因第一級別資金無論大市氣氛好壞，也會持續投資在優質增長股上，因此股價最快得到支持的，就是這類股票。

不過，自2015年的「港股大時代」後，第四級別資金藥石亂投的情況，至今還未再度出現，或許在新常態下，未來也不容易出現這種情況。事實上，2020年自新冠疫情影響下，上半年第三級別資金仍舉步為艱，市場資金投資越來越揀擇，再次得到引證。

第一級別資金的聚焦行業

根據我們觀察，市場上第一級別資金會聚焦投資在三個範疇：

- 互聯網新經濟（包括社交媒體、網上購物、網上教育、網上醫療、
  Saas等）
- 大醫療（包括創新藥、醫療器械、CRO（醫藥研究外包））
- 大眾消費（包括品牌消費、物業管理等）

我們會在其後的章節，再詳細作出分享。

1.4 風光不再的股票

以前，市場資金很喜歡發掘一些被低估甚至被忽視的中小型股票，我們也很喜歡這個尋寶過程，所以會特意去找一些業績不錯、財務健康、估值低企的股票，若果其後股價上升，代表市場資金比自己找到此潛力投資遲，投資者的滿足感莫過於此，Hypebeast(0150)、嘉利國際(1050)、澳優(1717)、東江集團(2283)等可算是當中例子。

估值低企的中小型股票

可是，近兩三年，市場資金的追求方向已經改變，若果投資者仍向此方向鑽研，相信會感到越來越失望，雖然不是沒有成功例子，但是成功的機率越來越低，往往需待第三級別資金進入市場才出現，投資效率及回報已大不如前。市場資金近年聚焦買入在高增長行業的優質公司，規模往往較大，管理層有計劃持續發展，並預期業績及盈利於未來能持續增長，可是符合要求的公司數量不多，而市場需求卻越來越大，供不應求下估值自然被不斷推高，造成公司間估值上的貧富懸殊，貴者越貴，平者越平，低估值的優質公司，若果未來增長的天花板有限，估值不易得到市場提升。

買入增長股的最高境界是能夠把握每股盈利及估值同步提升的雙倍效應，市場稱之為「戴維斯雙擊」，不過以前是以低市盈率買入潛力股票，待成長潛力顯現，盈利持續增長後，以高市盈率沽出，現在則是以高市盈率買入潛力股票，待更高市盈率沽出，若果仍沉醉於發掘低估值潛力股票，相信效果會大不如前，因為現時市場很有效率，預期未來高增長的公司，市盈率仍低企的出現機率很低，若果大家看好一間公司的前景，而其估值還低企的話，那麼反而應該懷疑自己的看法是否有錯。

現時市場資金看得很長遠，投資某增長企業前，估值仍會是考量因素，但公司在未來能走得多遠，有否能力搶奪更多市佔率，會來得更重要。估值低企的中小型股票以前可算是市場寵兒，現今卻被市場資金忽視，正正因為其業務發展有局限性，或業務太地區性，天花板太低，未來增長的想像空間不大，當想到香港的零售龍頭如莎莎國際（0178）及大家樂集團（0341）等沒有外闖能力，興趣便會不大，這些便是不少傳統企業面對的估值困境。

不少老牌企業已沒未來價值

我們投資港股多年，期間也經歷了不少市場資金風向的轉變，知道不可一本通書讀到老的道理，大家需要適應市場轉變，才可以在股市走下去。以滙豐控股（0005）為例，仍有不少傳媒及投資者持續注視這隻股票的表現，因為於2019年前的確很多年維持每股派

息 $4，經常被認為是收息股的好選擇。當股價由2018年初的 $80 跌至同年9月時的 $70，便說息率5.7%抵買；當股價跌至2019年9月時的 $60，便說息率6.7%抵買；當股價跌至2020年3月時的 $50，便說息率8.0%抵買；到了2020年3月尾，公司卻公布受英國政府指令，連已除淨的末期息也收回不派發；當股價跌至2020年4月時的 $40，便憧憬2021年恢復派息，便說息率10%抵買；現在大家回顧一下這個過程，是否會覺得有點滑稽！大家看過滙豐控股的股價走勢，可見這是典型的「賺息蝕價」，不少傳媒及投資者仍然這樣抱殘守舊，可算是逆市場之洪流，投資難有好成績。

圖表1.9 滙豐控股（0005）股價走勢（2016年初至2020年中）

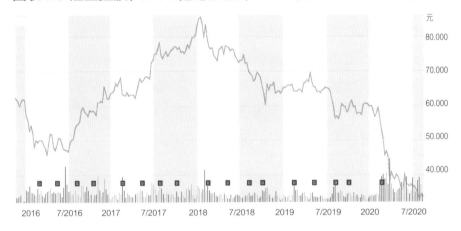

市場資金近年聚焦買入在高增長行業的優質公司，管理層有計劃持續發展，並預期業績及盈利於未來能持續增長，因此我們早已放棄於行業失去競爭優勢，已非增長股多時的滙豐控股。思捷環球

（0330）及利豐（0494）此兩間風光一時的企業，因市場競爭力減退，或商業模式跟不上時代轉變，逐漸被市場資金遺棄而股價持續下跌。在股價跌至令所有人失望及放棄前，還不時有「專家」衝出來叫大家趁低吸納，完全看不清市場投資風格的改變。大家不要再沉迷於老牌企業，有些已經沒有未來價值，只有剩餘價值，公司還賺到不錯盈利已很好。投資需要想市場所想，市場資金正在與時並進，聚焦擁有競爭優勢的增長股，若大家還原地踏步，只買傳統名牌，很難做出好成績。

圖表1.10 思捷環球(0330)股價走勢(2007年初至2020年中)

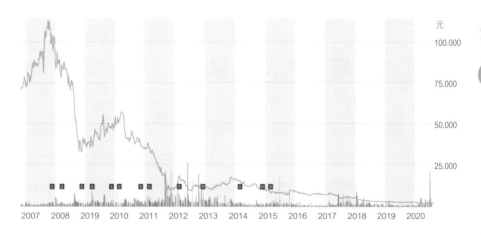

大家要成為成功的投資者，便不可以太自我，需要想市場所想，因為上市公司的定價權由市場資金的整體思維去決定，當市場對一些只有剩餘價值，卻不能與時並進的公司已沒興趣時，投資者為甚麼還要逆水行舟而買入，真的認為自己可以改變世界嗎？

不要忽視收息資產的風險

不要只是因為公司派高息而買某一隻股票，高息股的前提，是需要在可見將來，每股派息仍然能夠維持，是每股派息，不是派息比率，好像香港的REITs，需先問這些公司在未來數年，還能否至少收到去年度的租金去維持每股分派？另外，是不要賺息蝕價，一間如滙豐控股（0005）般業務沒有起色的公司，說要保證未來每股派息能夠維持，但市場資金因為不喜歡其業務沒有增長，還存在不穩定性，而持續沽出其股票，令股價不斷往下走，這些所謂高息股，真的值得投資嗎？

投資不要想當然及永遠

投資不要想當然，好像滙豐控股（0005）在2020年初連除淨的末期息也收回不派發，應該沒有人可事先想到，所以不要忘記風險管理的重要性。金融海嘯衍生量寬，低息環境持續，便宜信貸充斥，越來越多人參與循環借貸買高息債及高息股，每年收息十多厘，首年縱不信，次年仍未信，第三年也會相信，自己加注，更介紹朋友，信徒越來越多。可是世界上可以有免費午餐，但不會長期有，而這個循環借貸買高息股債的遊戲，2020年3月終遇到因新冠肺炎而衍生全球資金鏈忽然斷裂的重大危機，已投資的人沒有想過有天會被追補孖展倉位，有的更分享說以前收取的高息原來可以一次過

輸掉，他們會嚷著怎樣會想到忽然有疫情大流行，更沒想到經濟會因此停頓，很多投資者就是這樣，贏錢時笑哈哈，輸錢時賴大家；贏錢時喜愛吹噓，輸錢時卻從不怪責自己只顧向好的方面看，卻懶理風險管理的重要性。

「投資不要想當然」，只要這句說話在心中，你便有意識去管理風險，不會只靠投資滙豐控股的派息去糊口，甚至借錢投資滙豐控股去收更高息，還希望藉此贖回投資的本金，達到零成本下永遠收高息的完美狀態。

提到永遠，「投資也不要想永遠」，歷史上沒有一間優秀的公司不會變質，若果能變成平庸，每年還賺上一定金錢，已算不錯！何況現時更是互聯網年代，以前一間優秀的公司衰落，大多是傳承做得不好，現在則是追不上時代變遷而被淘汰。滙豐控股不是家族企業，從來沒有傳承的問題，問題是整間公司的文化追不上行業在後金融海嘯的生態，所以當其於2020年3月尾公布不派息鬧得熱哄哄時，還去討論此公司的投資價值，只是證明有關人等也追不上股市在後金融海嘯的生態，還在固步自封，不求進步，和現實越走越遠。

投資股票的基本，應該是其公司質素及增長苗頭，高息只是額外獎賞，而非選股最重要元素，切勿本末倒置！

恒指 / 盈富基金不進則退

恒指公司於2020年5月公布，經諮詢後決定納入同股不同權及第二上市股份，這次應該是繼恒生指數自2010年前決定納入H股以來，另一次重大革新。恒生指數自2008年金融海嘯以來，表現一直未盡人意，不少投資者均慨嘆指數「十年如一」，只有波幅卻沒升幅；反過來說，美股的標普500指數（S&P500）或納斯達克指數（Nasdaq）於同期表現優秀，為投資者創造巨大的收益。

可是，我們認為這次改革只是一個遲來的革新，同時認為這個改革之路將會是緩慢的，只因過往恒指服務公司一直採取極度保守的取態去調整指數成分股構成。就以2020年上半年兩次季度指數調整為例，恒指成份股竟然出乎預期地沒有變更，本來預期大熱，市值已超過1,500億港元的安踏體育（2020）及藥明生物（2269）等公司卻未被納入，而後者在第三季度指數調整時才被納入，這些公司的市值、流通量及成交等多項指標理應早早符合標準，究竟是何準則將它們拒之門外？反之看其他國際指數如MSCI等一直有清晰的準則去納入或剔除成分股，透明度較高，也較令人信服。

圖表1.11 盈富基金（2800）股價走勢（2008年初至2020年中）

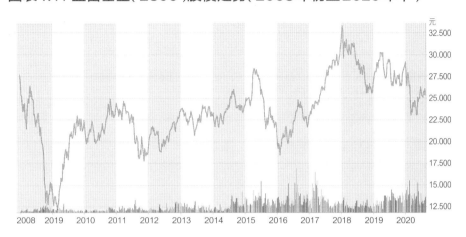

有投資者認為加入重磅新經濟股有望提升恒指估值及回報，中資新經濟股龍頭阿里巴巴（9988）、及小米集團（1810）於2020年第三季檢討時躋身恒指，成為本港指數生力軍。但要留意的是，恒指服務公司這次變革預設了較審慎的規定，初期限定同股不同權及第二上市股份，比重上限在5%水平，僅為其他股份10%上限的一半。至於第二上市股份，市值只計算在港註冊股份，其中託管商的持股，並不計入流通市值。因此，倘若按此方法計算，阿里巴巴於2020年中在香港註冊股份僅佔低於25%，港股市值不足10,000億港元；再按照流通市值計算的話，或許被納入的話佔恒指比重也不到4%，大大少於同類巨頭如騰訊控股（0700）等。雖然市場預期未來會有更多在美國上市的中概股回流香港作第二上市，甚至隨著中美關係惡化，美國對中國公司到當地上市展開更嚴格的審查或限

制，將有更多新經濟公司轉移到香港掛牌，不過我們預期這次恒生指數改革帶來的效應將會是緩慢的，投資者不要預期恒生指數很快便會擁有充足動力，其於2020年第三季檢討時仍未有加入市值已超過10,000億港元的美團點評（3690），便可見一斑。

恒生指數是本地投資者對股市的一個重大觀察指標，同時不少基金或強積金均以此作為基準比較，甚至個別市民之強積金賬戶會以恒生指數基金或盈富基金（2800）作投資選擇，恒指長期表現疲弱，舊經濟股繼續牢牢霸佔著指數重大部分絕非好事，大大影響市民的長期投資回報。投資是需要向前看，指數成分股也需要隨著時間而變更，這才能更反映到經濟的真實情況，大家不能左右恒指服務公司的決定，與其無了期被動等待，其實應該主動點去開拓投資增長股的機會。

40

1.5 「戴維斯雙擊」的雙重效應

以一間公司以市盈率（PE）估值為例，即「估值 = 每股盈利（EPS）x 估值市盈率」，假設估值市盈率不變，若果公司的每股盈利每年增加20%，估值亦會相應逐年上升：

2018年，A公司的每股盈利（EPS）為 $0.5，估值市盈率為20倍，其估值 = $0.5 x 20 = $10；

2019年，A公司的每股盈利(EPS)按年增加20%至 $0.6，其估值 = $0.6 x 20 = $12，即是比2018年上升20%。

若果市場期間將估值市盈率由20倍提升至25倍，估值會比每股盈利（EPS）升幅更大：

2018年，A公司估值 = $0.5 x 20 = $10；

2019年，A公司估值 = $0.6 x 25 = $15，即是比2018年升50%，市場稱為「戴維斯雙擊」，是投資增長股的最理想情景。

以增長戰勝潛在估值下調

相反，若果市場期間將估值市盈率由20倍降低至15倍，

2018年，A公司估值 ＝ $0.5 x 20 ＝ $10；

2019年，A公司估值 ＝ $0.6 x 15 ＝ $9，即是比2018年跌10%，是投資增長股不大理想的情景。現實上，我們無法預測市場估值市盈率的變化，但我們可以發掘並投資增長股，以成長去抵消市場估值不跌的影響；

2020年，A公司的每股盈利（EPS）按年增加20%至$0.72，其估值 ＝ $0.72 x 15 ＝ $10.8，相比2018年的估值，已由2019年的下跌10%，轉為上升8%，再多看一年；

2021年，A公司的每股盈利（EPS）按年增加20%至$0.86，其估值 ＝ $0.86 x 15 ＝ $12.9，即是比2018年上升29%。

若果每股盈利增長期間，市場估值水平卻向下調整，較大機會是本來預期的股價升幅水平未有達標，但投資仍然可以升值。

不過，若果市場持續調低估值水平，我們此時需反問市場是否對這間公司的未來持續增長產生懷疑，需要去再深入分析以作驗證。

1.6 投資增長股的心態

基金基本可以分為兩類，即是長倉基金及對沖基金，兩者中我們傾向選擇前者形式去管理資金，即是只買入和賣出股票，而不會運用衍生工具去捕捉股市短線波動，因為我們參考市場上成功的基金，及自己的經驗累積，結論是這種短期對沖策略長期下來只是零和遊戲，因為短線股市波動事實上不易掌握，那麼為何不利用本來用作把握對沖時機的人力資源及時間，放在分析研究上，以找出可以長期持有的增長型股票。

坐住贏Vs炒住贏

就此先探討投資者目標應該是「坐住贏」還是「炒住贏」。「坐住贏」者，即買入股票後便不會經常買入賣出以求賺取每一個波幅，而是靜待股價升值，從而取得盈利，我們會用「投資者」或「買股者」形容之。至於「炒住贏」者，即買入股票只為了取得短線盈利，經常買入賣出屬等閒事，不曾想過會長揸不放，我們會用「投機客」或「炒股客」形容之，為甚麼用個「客」字，因為他們只是所買入股票的過客吧！

其實每個投資者各善勝場，有些精於投資，有些精於投機，投資方法並不是重點，只需合法合規便可，最重要的始終是結果，即是中長線要取得自己認為合理及滿意的回報。不過，由經驗引伸的市場共識卻告訴我們，時間一拉長，大部分「投機客」都賺不了錢，因為很多人很天真，低估了投機炒賣的難度，一段時間幸運地贏到錢，便一本通書讀到老，漠視市場變幻莫測，環境一變，同一套方法轉眼便可以由贏變輸。更多的是，很多「投機客」以為自己是個「投資者」，贏錢時以為自己能力了得，所買入的全是自己努力發掘出來的好股，實情只是身在牛市，贏在市場配合，當市場由牛變熊，便不知怎去應對，原形畢露下，極速進化成為另類「投資者」，只可惜持有的是一堆不知何年何月可回家鄉的劣質蟹貨！

投資者 Vs 投機客

為甚麼「投機客」不能「坐住贏」？「投資者」對持有優質增長股的信心是以研究的深度作支撐的，而從來不是以股價高低來判斷，可是「投機客」看到手中持股股價上升時，心裏對公司的信心便增強；反而當股價下跌時，心裡便擔心得很，懷疑公司會否已發生了甚問題而導致股價下挫，隨即沽出「避險」，但往往一去不復返，因對公司沒有信念而失去信心，不再重投這隻其後股價接連破頂的優質增長股懷抱。「投機客」這樣長期下去，投資成績實難以進步，因為操作總是追升殺跌，而不是運用逆向思維，把握市場的不理性以獲利。

投資增長股，不投資「周期股」

有些投資者喜歡增長股，有些則喜愛周期股，可謂各取所需，最重要是找到適合自己能力及步伐的賽道，中長線仍可以賺到錢。不過，若是投資初哥問應該聚焦投資研究增長股還是周期股，我們的答案無疑是增長股，需理解投資本質就是為了中長線可以賺到理想回報，不是為挑戰難度以顯示自己的出類拔萃，而去捕捉經濟周期，甚至估某些商品價格的起與落，可以選擇當然是捨難取易，投資才有效率及最划算。

把握不同周期升跌不易

周期股很考眼光，對影響股票業績的相關周期需深入了解，好像石油相關股票對油價升跌較敏感，油價卻較難捉摸，近年也見不到某個評論者可持續準確，反而見到不少所謂專家往往隨油價升而調高油價目標，不消數天油價便見頂回落。最經典莫過於2020年3月新冠肺炎影響全球經濟下，油價開始急跌，石油期貨到4月時更首次跌至負數，這些全非任何石油投資專家曾經預測過的現象。看好油價的投資者會買入三星原油期貨ETF（3175），看見是ETF便以為代表穩陣，而忽略其期貨特質，更需面對期貨合約轉倉風險，股價由2月尾的$9.56急跌至4月尾的$1.72，跌幅達82%，比油價同期約六成跌幅更大；油價於其後兩個月自低位反彈逾一倍，三星原油期貨ETF同期升幅卻最多只有約六成。此故事告誡大家不要高

估自己預測周期股走勢的能力，另外是要避免投資衍生工具或相關投資產品上。

圖表1.12 三星原油期貨ETF(3175)股價走勢(2016年4月上市至2020年中)

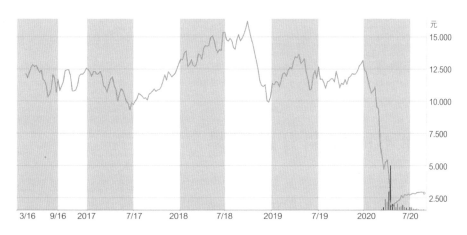

玖龍紙業（2689）也是傳媒及市場評論經常提到的股票，主要是在紙價上升時叫買。公司主要製造及銷售包裝紙，生意和經濟氣候息息相關，買入此股票即代表看好經濟及包裝紙價，同時也認為作為主要成本的木漿價格下跌，要把握不同周期的升跌，並非容易的事，其股價於十數年間便是有波幅，無升幅，相對同期增長股代表騰訊控股（0700），大家認為投資哪間公司股票，可以更容易賺錢？

圖表1.13 玖龍紙業（2689）股價走勢（2008年初至2020年中）

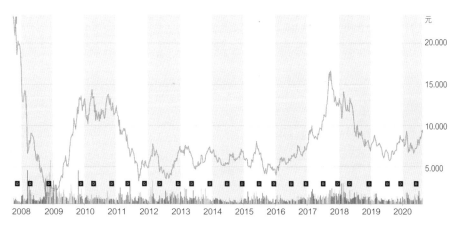

圖表1.14 騰訊控股（0700）股價走勢（2008年初至2020年中）

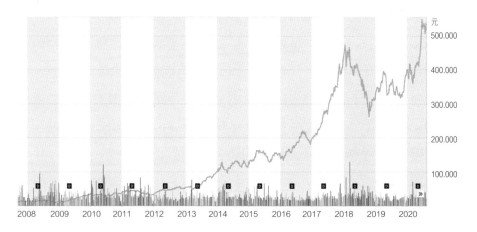

時間是投資增長股的朋友

若果買入的公司質素不好,已經事倍功半,其股價走勢其實是隨機性,需知道賺錢與否在於時機及彩數,並非因為投資者的選股能力。就算買入的公司質素好,但業績未來沒有增長,若果買入時估值過高,時間也不會是你們的朋友,始終一間沒有成長的公司,很難說有很高的投資價值。

賺錢只是時間問題

投資股票要賺錢,最重要的還是買入的公司質素理想之餘,還要預期未來收入及盈利持續有增長,就算買入時估值偏貴,但當公司盈利於未來向上,估值也會提升,股價也會跟隨向上,賺錢只是時間問題。其實道理很簡單,假設一間公司以市盈率去作估值,應有估值便是市場賦予這間公司的估值市盈率,再乘以每股盈利,若前者不變,當後者於未來每年提升,估值也會以同一速度上升。創科實業(0669)股價於2015年至2019年間升了約150%,平均每年複式升幅約20%,期間不少投資者以顯微鏡看,認為股價過往一年升幅已大而不值得買入,可是事實上期間每年最高股價所反映的市盈率也是在25倍左右,估值水平未見提升下,股價升幅其實只是合理地對應期間每股盈利平均每年上升20%,若大家認為創科實業未來仍然可憑其研發能力及產品競爭力而維持行業領導者地位,用望

遠鏡看見投資價值，縱使現時股價已達年度的較高市值水平，也無損其中長線投資價值。

圖表 1.15 創科實業（0669）股價走勢（2015 年初至 2020 年中）

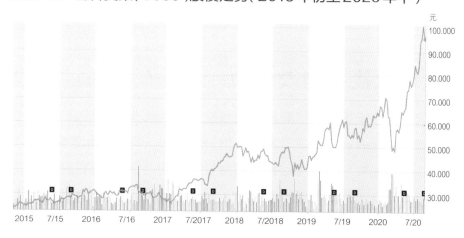

不過，買入增長股也非全無風險，最直接的風險是公司於未來盈利增長不再，所以投資者還需密切留意公司的最新動態及業績。另一個是估值下調風險，好像騰訊控股自 2018 年面對主業遊戲業務的國策風險，開拓業務速度較慢，擁有「今日頭條」及「抖音」的字節跳動（ByteDance）的強大競爭力正逐步伸延，正努力轉型尋找另一業績催化劑如雲端及廣告業務，市場未有再賦予如過往四年般的約 45 倍估值市盈率，最高估值市盈率於 2019 年已降至約 35 倍，當市場估值水平下跌，即此段股價升幅會低於每股盈利增長，若以過高估值買入，「坐住贏」需時會更長，不過時間仍會是投資增長股

的朋友。況且，因為優質增長股擁有中長期的競爭能力，當業務重回正軌，估值水平也有反彈的可能，好像騰訊控股於2020年上半年因新冠肺炎衍生的「疫經濟」而令其主業遊戲業務增長可人，加上微信商業化進度理想，市場信心轉強下，估值市盈率重返40倍以上水平。

股價取決盈利及估值

一間公司的未來股價，取決於其每股盈利增長及市場估值水平，以前者的影響力更大。後者涉及市場資金的想法轉變，相對較不可估計；至於前者，大家可以持續觀察公司所屬行業的最新發展、公司於所屬行業的的競爭優勢、公司本身的生意模式轉變、公司業績達標與否等去估計其未來每股盈利可否維持增長。若果一間增長企業的盈利正在倒退，市場估值水平很大機會也會下調，未來股價亦會下跌，這可謂是「戴維斯雙擊」的反向版本。

若果每股盈利增長期間，市場估值水平卻向下調整，較大機會是本來預期的股價升幅水平未有達標，但仍可以賺錢。看一個較簡單的例子，公司A今年每股盈利$1，以25倍市盈率即$25買入；公司於未來四年每股盈利每年維持增加20%，四年後的每股盈利會增至$2.07，若果市場估值水平保持在25倍市盈率，估值會升至$51.75，回報107%；若果市場估值水平調低至20倍市盈率，估

值會升至 $41.40，回報仍有66%；若果在每股盈利每年維持增加 20% 下，要令這個投資回報歸零，市場估值水平調低至12倍市盈率，對一間高增長企業而言，機會率可算是非常低；而若果市場估值水平真的調低至12倍市盈率，反而證明市場資金認為公司未來盈利不會維持高增長。

當然，反過來說，若果能買入一隻增長股而其後市場還提升其估值市盈率，就如過往2014年至2017年的舜宇光學（2382），「戴維斯雙擊」的雙重效應下，股價升幅可以很驚人，這才是投資增長股的最高境界。舜宇光學的每股盈利期間由 $0.66升至 $3.20，每年平均複式增長約69%，估值市盈率由20多倍升至40多倍，股價由2014年初的 $8升至2017年尾的 $106.9，升幅超過12倍。

圖表1.16 舜宇光學（2382）股價走勢（2014年初至2018年初） 元

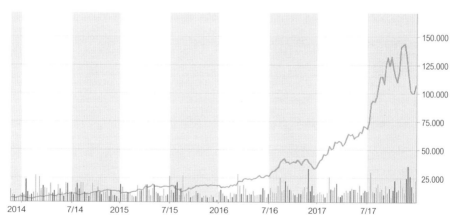

要做增長股的真正股東

提到舜宇光學，我們知道一個真人真事，有一個投資者於2014年開始買入此股，當時股價還低於$10，期後逐步增持，資產值佔其身家有一半以上，直至當時2017年股價超過$100元時仍一股未沽，究竟他為何可以期間克服股價巨大升幅的誘因，不沽出之餘還有信心去增持？因為他一開始便以作為公司股東，怎樣經營公司業務的角度去考量，雖然作為小股東很難去左右管理層的決定，但自己仍做足功課，了解行業的發展前景，以衡量公司所行策略是否到位，當然也會積極出席股東會，把握與管理層接觸的機會，以建立足夠信心，一步一腳印去和公司一起成長，以達致股價輾轉上升下，增持而非減持的決定。他視舜宇光學是自己的一盤生意，試問對公司業務前景有信心的股東，又怎會隨意減持自己的股權！

第二章

多角度
發掘
增長股

2.1 從「行業」及 「轉變」發現契機

若果要發掘到一個寶藏，買一個鏟子，隨意在地上一掘便可掘到金銀珠寶，這叫做運氣，若果投資要經常倚賴運氣，不如直接去賭場，回報應該可以更高更快。現實上，我們要掘到一個寶藏，先要觀察周圍的人和事，看看會否領略或聯想到一點契機，然後再循著線索透過親身查訪、鑽研讀物或網上搜索，進一步了解這個契機的真確性，接著找來適當的工具，配合地圖的輔助尋找機會最大的位置，才去開始進行發掘的工作，期間我們仍然需要留意周遭的變化，再作適當的調節，以增加成功的機會。

我們要發掘增長股，當從周遭人和事意識到一個可能目標，便會開始研究，閱讀海量資料，包括年報、業績報告、招股書、公司公告、公司網頁、相關新聞、分析報告、評論文章等，以了解公司歷史、管理層、產品及服務、競爭優勢等，期間還要核對不同途徑得到的資料，進行事實檢查（Fact check），再配合公司管理層的公開講話或分享，最後才結合與上市公司管理層的交流，盡量將整個行業、公司的每一個情況都弄個清楚明白，排除所有疑惑和不了解的地方，最後才考慮作投資。而且，我們一般不會單看目標公司一家，還會看所有同業公司的情況，甚至上、下游產業的情況，用多

個維度去判斷一家公司的核心競爭力。

接著和大家分享一些個案，讓大家了解怎樣找到增長股的契機。

高速增長行業

若果行業正在高速增長，未來增長空間仍很大，行業內的公司業務增長便會事半功倍，就如所謂風起時豬也會飛般，何況增長股並沒有豬那麼重，自然會飛得更高更遠。那麼甚麼才是好的賽道？即是行業發展空間至少於未來數年非常大，每年的預期增長也很高，就如在線教育、在線應診、網上賣藥等，本身增長空間已經很大，2020年初開始出現的新冠疫情更推快了發展速度。既然風已起，大家也不甘心於只選隻只被風吹才會被動前進的豬，而是要從行業中發掘擁有競爭優勢，主動向目標奔馳的優質駿馬，就如新東方在綫（1797）、平安好醫生（1833）及阿里健康（0241）等行業領導者，可以比行業發展走得更快。

圖表2.1 阿里健康（0241）股價走勢（2018年初至2020年中） 元

若行業處寡頭壟斷，可同時投資在當中領先的兩至三間公司上，如經導管主動脈瓣置換術（TAVR）在中國於初始發展階段，預期於未來多年有高速增長，但暫時未能知道哪間中國公司最終可以脫穎而出，我們也可選擇同時投資在領先發展的啟明醫療（2500）、沛嘉醫療（9996）及微創心通（預期將上市），投資期間一直留意個別公司的發展進度，縱使當中有一間最後落後於人，我們所作的投資可能會錄得虧損，但也可藉投資另外兩間公司賺取整個行業未來的高增長，整體得到很高的回報。

穩定增長行業

若果公司是在正在穩定增長的行業，雖然行業的發展沒有第一類公司那般快，但只要在此行業是市場領導者，或是最優質企業，也可

憑着競爭優勢，有能力增加市場佔有率，而令到公司盈利的增長速度比同業更理想。就如中國銀行業已過了快速發展的時期，最大型如建設銀行（0939）及工商銀行（1398）的盈利近年停滯不前，也有責任為國家發展承擔一定責任及風險，但當中被市場公認為行業最優質的招商銀行（3968），每年的盈利增長仍在10%以上，股價亦可以擺脫行業枷鎖而上升。

圖表2.2 建設銀行（0939）股價走勢（2017年初至2020年中）

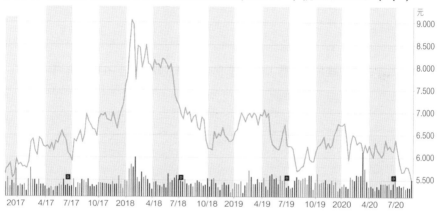

圖表2.3 招商銀行（3968）股價走勢（2017年初至2020年中）

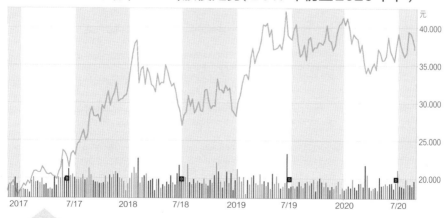

整體倒退行業

就算行業本身發展不濟，也不代表發掘不到增長股，憑着優質的管理層、經營策略及執行力而打出一片天。中國汽車行業自2018年整體呈現倒退，國產汽車品牌吉利汽車（0175）經過多年的銷售及盈利增長後，2018年也出現轉差的拐點，另外普遍汽車經銷商行業的現金流及負債比率也不理想，但是美東汽車（1268）憑著專注於二三線城市經銷外國品牌豪華車，注重做好存貨及現金流管控，以逆行業市況造出理想盈利增長的業績，股價自然也水漲船高。

圖表2.4 吉利汽車(0175)股價走勢(2016年初至2020年中)

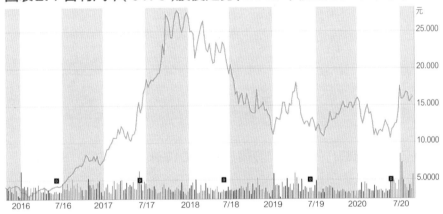

圖表 2.5 美東汽車（1268）股價走勢（2017年初至2020年中）

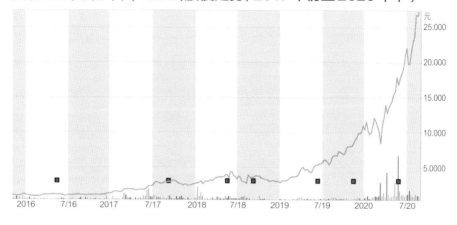

從「轉變」發掘增長股

自2018年年初起中國政府推出奶粉註冊制，所有奶粉生產企業均要向藥監局註冊，並且指令每家廠房最多只能生產三個品牌，於是導致內地很多貼牌生產的奶粉小品牌倒閉，整個行業的競爭者從數千家整合至數百家，因此剩下的品牌均過得很不錯，大大拓展市佔率，盈利也能大幅增長，澳優乳業（1717）便是受惠企業之一。

圖表 2.6 澳優乳業（1717）股價走勢（2018年初至2020年中）

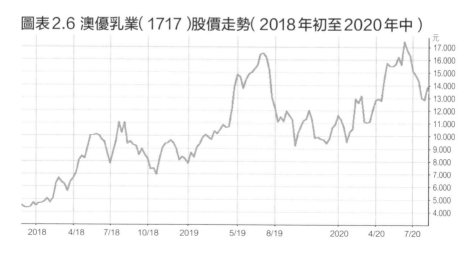

催化劑：公司推新產品或新技術

火鍋底料生產商頤海國際（1579）於2018年推出自加熱小火鍋新產品，消費者非常受落，推出首年收入已佔整體17%，2019年佔比更增加至23%，為公司帶來飛躍的收入和盈利增長；藉著這個成功策略，公司持續拓展新產品，並進軍調味料行業，收入和盈利得以保持高增長。

圖表2.7 頤海國際(1579)股價走勢(2018年初至2020年中)

催化劑：正面影響的收購 / 重組 / 分拆

雅生活服務（3319）的「外延增值服務」收入佔比不少，主要包括物業代理業務，根據2019年上半年業績，公司的「外延增值服務」的毛利更佔整體近50%，市場詬病物業代理此增值項目佔比越來越多，增加對樓市的敏感度，並非投資物業管理股的目的，因此估值

水平一直未能如其他物管股般得到提升。

雅生活服務於2019年9月公布收購中民物業，除了令預期收入及純利增長更快外，業務分布在住宅、商業及公用物業管理間更平衡，令物業代理業務對整體盈利的影響降低，業務風險比收購前減低下，當時我們預期公司的估值市盈率可以由20倍逐步提升到25至30倍水平，亦開始投資這間公司，結果股價升幅比盈利增長更高，體現「戴維斯雙擊」。

圖表2.8 雅生活服務(3319)股價走勢(2019年初至2020年中)

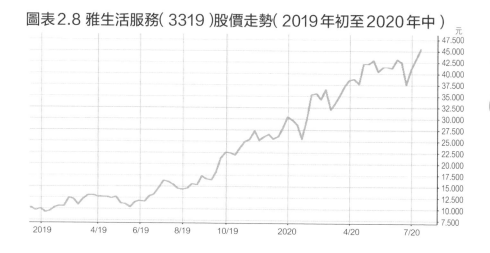

以上提及的催化劑在公司業務層面上可以強化其持續作為增長企業的條件，建立更高的競爭門檻，若果催化劑只帶來短暫增長，如售出部份業務加大那年盈利及派息等，未能同時提升業務門檻，這樣對中長線投資而言，作用便不大。

2.2 了解增長股的護城河

「護城河」這個概念應該由巴菲特開始被發揚光大，尋找公司的護城河的意思，便是我們要衡量不同公司擁有的相對競爭優勢，以及相關優勢的持久性。以近年香港流行的台式珍珠奶茶為例，護城河便相對較低，因為基本上不同品牌在味道上只有少量差異，而且優勢的持久性維持很短，我們也不難看到開首數家引入的台式店舖生意火爆，旺區的一線店舖也被陸續承租下來，而且光顧的人龍非常長，往往要等上半小時以上才可以買到一杯。倘若這類公司有上市的話，投資者買入並不是一定不能獲利，只是獲利的空間會很短，你只能賺上階段性的利潤，並不能持續。

傳統而言，當我們說起企業護城河時，我們一般會數上以下數種：

- 政策專利（如香港電力公司、香港煤氣公司）
- 網絡效應（如騰訊及 Facebook 等）
- 高轉換成本（如 SAP 等企業資源規劃（ERP）軟件）
- 品牌效應（如 Apple、Nike、Coca-cola 等）
- 分銷網絡（如康師傅（0322）、P & G、Walmart 等）
- 規模效應（如 Amazon、Costco 等）
- 低成本競爭者（如 Bank of America、Geico 等）

擁護城河也需求變

但千萬要留意的是，世界沒有永恒不變的事，護城河也不能不變。如果一家公司選擇永恒不變，這類企業最終只會被時代淘汰，大家或許只能在它們身上賺到一時的金錢，絕不值得長期擁有。因為隨著時間的流逝，某些競爭優勢會加強效力，某些競爭優勢則會被削弱。以分銷網絡為例，以往的一些優勢是源於消費模式通常集中在零售渠道，而零售渠道面積往往有限，因此只會造就了一些大型公司如 P＆G 等，他們透過推出不同品牌的同類貨物，再利用龐大的宣傳費用，霸佔一個又一個貨架，在消費者眼前盡是旗下的產品，因而造就巨大銷售額。但是隨著科技的進步和物流的提升，今時今日更多公司可以透過網上平台去直接出售產品，而且也可以通過眾多社交平台去作宣傳，消費者得到的資訊更多、更方便快捷，因此佔領傳統貨架等的銷售渠道優勢不再。以 P＆G 旗下的吉列剃鬚刀為例，過去可謂大部份男士必備產品，但是早年在海外有另一家公司「The Shaver's Club」的興起，他們便是以網上銷售為主，主打比吉列更實惠的價格、更優秀的商品，不少男士可以通過網上評價來審視產品的質素，也不介意嘗試新事物，因而也奪取了不少吉列的生意。

最強護城河：優秀管理層

一般而言，政府保護類型的護城河是眾多特質中最脆弱的，這種護城河可以隨時崩潰。當然，先前提過的其他護城河也要經常檢視，不能一本通書看到老。於我們看來，最重要的護城河應該是優秀的管理層，擁有偉大格局觀去長線布局投資。一方面，他們致力去為顧客提供最優秀的商品，不斷通過產品研發和推陳出新，盡力滿足或發掘市場中未被滿足的需求，精益求精去維持品牌和產品的競爭力，這樣才能長期霸佔著消費者的心。另一方面，他們應該要擁有充足的信心、靈活度去面對快速變更的市場步伐或順逆，管理層不能堅守固有的成功模式，市場在變，生意在變，唯有公司也不斷靈活應對，才能構建最深、最持久的護城河。

有些公司不斷複製本身業務，開發不同市場，以快打慢戰勝競爭對手來錄得增長，可是若本身業務未有護城河作門檻，當競爭對手慢慢追上，不同市場也會逐步面對壓力。若果一間公司沒有護城河作門檻，競爭揮之不去，縱有增長也難以持續。

2.3 管理層 是成敗關鍵

優秀管理層是增長股能夠創造及維護護城河的重要因素，他們為令公司進入另一個里程碑，而工作至極致，同時也感染員工一同向目標進發，知名例子包括Apple的Steve Jobs及Tesla的Elon Musk，他們非常高調，說話強勢，但是不代表欠缺謙卑，因為他們只是承擔起整間公司的重責，為公司增取更大利益，令旗下員工可專心工作。

低調、實幹、謙遜及有誠信

事實上，更多的優秀管理層除了有能力外，也低調、實幹、謙遜及有誠信，經典管理書籍 *From Good to Great* 提到，世界上有很多良好(Good)企業，可是只有很小百份比可以發展成為優秀(Great)企業，從而造成股價三級跳的效果，經過分析很多案例，作者Jim Collins及其團隊可以歸納出數個主要原因，當中管理人多有低調謙遜的性格，好像業績和股價長升長有的美國實體零售奇葩Costco（COST.US），憑著獨特商業模式及強而有紀律的執行力致勝，又有多少人可說出其管理層的名字！

圖表2.9 Costco（COST.US）股價走勢（2009年初至2020年中）

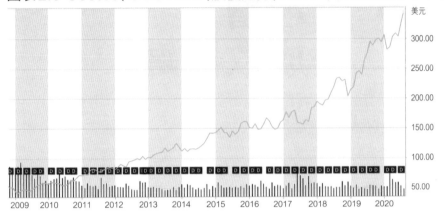

投資者也一樣，若果欠缺謙卑態度，很難長期成為優秀的投資者，投資者就如公司管理人般，只是管理的不是公司，而是怎樣運用資金去投資在管理優秀的公司上。若果投資者沒有謙卑態度，甚至過度自我膨脹，便很大機會投資在欠缺謙卑態度管理人所管理的公司上，以共享經濟的熱門例子，Uber及WeWork便是此類公司，離盈利還有很遠的路要走，而態度被質疑的創辦人也相繼被投資者逼下台。可是差不多同期創立的Airbnb的三個創辦人一直默默耕耘，盡量配合不同地方的法律去經營業務，而非如Uber般以消費者有選擇自由的口號，去挑戰不同地方的法規，結果Airbnb於2019年以盈利企業身份計劃上市，2020年發生的新冠肺炎疫情充滿挑戰，但是相信沉著工作的管理層最有能力面對。

在「舒適圈」內仍需求變

當優秀管理層成功將公司推上一個層階，建立了護城河，進入了所謂「舒適圈」，但他們卻不會就此墨守成規，不思進取，讓護城河逐漸被填滿，競爭對手來襲時才醒覺，好像做實體零售的若果在十年前意識不到網購帶來的危機，以前的舒適圈可能已經變得不太舒適，甚至或許有做不下去的結局。試想想Netflix（NFLX.US）創辦人Reed Hastings當年仍是十年如一日只提供郵寄影碟出租服務，應該已經如其他同業般結業多時；而若果他沒有帶領Netflix走自行製作影視作品之路，有幸的還可無聲地為有限用戶提供網路影片串流服務而維生。

為甚麼世界上有這麼多好公司，卻只有少數可以成為優秀企業，因為優秀管理層的自我推動力是分野所在。想想李嘉誠上世紀70年代已靠經營地產掘了很多桶金，大可如其他地產商般繼續圍爐取暖，已可數代無憂，發展下去或會如現時的大昌地產（0088）般，對很多人來說已經非常不錯。但李嘉誠有著以成為首富為目標的自我推動力，因此在1979年成功「蛇吞象」收購和記黃埔，踏上綜合企業之路，2000年代初又藉3G電訊將公司推向更高層次；近年他逐步淡出上市公司作傳承，但仍有著很強的自我推動力，藉慈善基金在早期已投資了很多現在已非常成功的科網企業。李嘉誠不斷「跳出舒適圈」，明顯並非出於居安思危，而是不斷對自己有更高的要求，這正正亦是我們找尋優質增長公司作中長線投資的重要條件。

2.4 三大內部條件 確立競爭優勢

相信這是大家最基本的問題，甚麼是增長股？最基本的答案，是收入及每股盈利持續上升，營運現金流穩步上揚則更理想，當中「持續」的意思是過往數年形成趨勢，並預期未來數年會繼續。過往數年是歷史，我們只需翻查紀錄便知道，那麼以往公司收入及每股盈利未見持續上升，為何不可從今年開始成為增長股？這個當然有可能，但需看投資者眼光有多高，可發掘增長股於未發光發熱時，若果過往數年已經形成趨勢，逐步建立一定競爭優勢，成為增長股的機會自然較高。

> **增長股：**
> 收入、每股盈利 持續上升
> 營運現金流穩步上揚

那麼以往公司收入及每股盈利持續上升，未來數年是否一定會繼續？這個當然不是，若果公司的業務已形成護城河，持續增長的機會便較實在，這可算增長股的最高境界。好像騰訊控股（0700）憑著QQ及微信的億計社群，形成規模效應取得成本優勢，網絡效應

加強傳遞性及互動性，提高用戶轉換成本高及增加黏性，從而發展遊戲、廣告及支付等業務，便演繹了擁有護城河的優勢。

不過，很少公司能夠去到擁有護城河這級數，大家便需要看看其有否競爭優勢，令其業績未來有較大機會持續上升，這方面可檢視公司的商業模式，分析其價值定位、核心業務、銷售渠道、成本結構、客戶關係等，或許可以再簡單點去演繹，大家可看看公司能符合以下多少個內部及外部條件，以衡量成為增長企業的機會率。

1. 人
管理層持續創造價值

Steve Jobs將Apple（AAPL.US）由一間電腦公司，演化成相繼徹底改變音樂、電訊等行業的軟硬件企業，為公司不斷創造新價值，便是最經典的演繹；若果要將創造價值量化，可以股東權益回報率（ROE）作為客觀衡量指標，如創科實業（0669）以持續為股東創造價值為目標，其ROE保持多年持續上升。

ROE作為客觀衡量指標，前提是業務已產生盈利，現時未有盈利的公司則需分析其商業模式，以預期業務於未來產生的現金流衡量價值，比較主觀。管理層能否如Tesla（TSLA.US）的Elon Musk般持續創造價值，不時也需要主觀判斷。

多元化員工激勵計劃

海底撈國際（6862）的師徒制，提供清晰升遷及賞罰制度，員工有如經營自己生意般，多勞多得，多想點子開拓業務，激發員工為公司做更多生意，提供更好服務。同系頤海國際（1579）於2018年正式引入「合夥人」機制，將銷售人員作為合夥人，在費用方面充分放權，並將績效考核變更為業務單元利潤；2019年上半年，取消大區經理制度，使用合夥人師徒制作扁平化管理，希望銷售人員能夠做到薪火相傳，師傅可以分享徒弟的區域利潤5%，以達到經驗傳承，保障銷售增長和服務質素；2019年下半年，公司再引入PK淘汰制，對渠道庫存、經銷商反饋、費用銷售比等指標進行分ABC三級評定，公司會淘汰連續3次獲C級的人員，並鼓勵A級合

夥人接管被淘汰業務區域，加強內部競爭；2019年底，透過股權激勵計劃向6名高級管理層授予75萬股受限制股票；公司業績及股價一直享受成果。

2. 產品/服務
品牌建立及持續強化

好像Nike(NKE.US)般，公司已建立強大品牌，並有能力於未來利用相關經驗，去開拓更多擁有品牌溢價的產品/服務，如籃球鞋Air Jordan及跑鞋Vaporfly系列，價格明顯於同款類鞋鶴立雞群。在互聯網時代，品牌的優勢比渠道的優勢更重要。電視撈飯年代，只要用錢在電視上大打質素不差的廣告，便可建立出一個品牌。可是現今媒體碎片化，電視的收視率已比以前大跌，並出現海量的網上媒體，若要塑造一個品牌，成本比前大幅上升，令現時已經擁有強大品牌的更有優勢。

品牌效應越大，公司有能力提高售價，毛利率往往越高，安踏體育（2020）透過FILA品牌開拓潮流服飾，引領近年毛利率持續增長。另外，提高產品檔次也可提升毛利率，好像百威亞太（1876）擁有較多中高檔品牌的啤酒，毛利率明顯高於青島啤酒（0168）及華潤啤酒（0291），而後兩者亦正致力提升旗下品牌的檔次。

產品／服務競爭力提升

若果公司投入研發過多，加大支出，壓低盈利水平，過往市場資金不大支持，股價因而低落。不過，市場資金越來越重視公司未來的增長能力，若果研發投入能令公司的業務處領導地位，未來增長更為確定，反而不介意短期盈利較低的影響。我們可以用研發開支佔收入比率（研發開支／收入）和相同行業競爭對手比較，作為客觀衡量標準，以微創醫療（0853）為例，其研發成本佔收入一直高企，2019年更高達19%，明顯高於國內同業，也高於全球領先醫療器械企業的10至12%比率，這樣令每年盈利比較波動，過往不大受市場歡迎，但當市場資金更向前看，焦點放在公司於不同醫療器械業務範疇因其研發投入而處領導地位上，股價亦比過往明顯強勢。

產品／服務的橫向／縱向拓展

頤海國際本從事向火鍋店提供底料及蘸料，其後開拓中式複合調味料及自熱火鍋等「方便速食」業務，收入及盈利增長再添引擎，市場估值水平也得到提升，股價也迎來「戴維斯雙擊」的雙重正面效應。

另外，中國物業管理公司除了為住客提供基本的物業管理服務外，縱向拓展方面亦逐步開拓向住戶提供的營銷代理服務、物業租賃服務、房屋檢驗服務、社區團購、家政服務、拎包入住服務等，這些增值服務毛利率比本業更高，為公司未來增長提高了天花板。橫向

拓展方面則發展及經營公共物業管理、商場物業管理服務、停車場管理服務、酒店公寓營運、社區廣告、養老院、國際學校、美容服務等，碧桂園服務（6098）於2019年更開始跳出物業管理，開拓城市服務「城市共生計劃」，為新型城市治理公共服務，將物業管理發展至城市管理，逐步成為行業的另一個增長催化劑。

擴展銷售渠道

當產品／服務受歡迎，最直接增加利益及效益的方法是不斷複製，拓展更多銷售渠道，如連鎖火鍋店海底撈國際為了擴大業務規模效應，除了在一線城市開更多分店外，更積極在二三線城市加開分店，到經歷2020年初新冠肺炎疫情衝擊，更開拓網上下單的外賣業務，成為未來增長的催化劑。不過，需留意若果公司在擴展銷售渠道時承受不到拓展速度，有機會造成負債比率急升及營運活動現金流下跌的負面效應。

3. 供應鏈
供應鏈垂直優化

除了提供更多產品／服務及開拓銷售渠道外，擴展供應鏈也可增加生意額，同時更好控制生產流程，從而減低成本，增加毛利率，市場估值水平也會得到提升。我們可看到申洲國際（2313）及晶苑

國際（2232）兩間在紡織行業有規模的公司，估值可以有很大的差距，估值市盈率分別在30倍及10倍的水平。晶苑國際主要為全球領先的服裝品牌製造及交付成衣，毛利率在20%水平，而申洲國際擴展為客戶提供的針織服裝供應鏈服務包括面料、染整、印繡、裁剪與縫紉、包裝及物流，毛利率在30%水平，可見供應鏈垂直優化也可以為公司增長提供動力。

進行擴產計劃

如中國生物醫藥研發外判（CRO）龍頭企業藥明生物（2269），計劃分別在中國、愛爾蘭、新加坡及美國等地建廠作全球產能擴張，為提供全球雙廠生產模式打下基礎，令其合作夥伴可以從集團位於中國、歐盟及美國的全球供應網絡內的基地進行生產，以保證產品的全球供應，並消除在不同供應商間進行技術轉移的風險。

增長股因預期所處行業仍有空間發展，加上公司有能力提升市場佔有率，因此擴產計劃可符合未來市場需求，帶升業績；周期股在生意擴充時公布擴產計劃，但因周期較短，投產時遇到行業需求低潮的機會較大，因此投資周期股的風險較大。

2.5 兩大外部條件推動市場份額

1. 商業策略
進行收購合併

如中國物業管理公司在上市後得到資金，部份更透過資本市場再集資，去收購同業以達至更大規模效應，於行業集中度持續提高的行業，增長股出現的機率也會較大。不過，收購合併也需適合到位，大家亦需審視其協同效應，及公司不會因擴張過度而造成債台高築而產生負面效果。

2. 需求
社會／消費行為轉變

當網購在中國越來越流行，曾經維持多年增長的百貨公司，收入便開始停滯不前，甚至錄得倒退，市場估值水平亦被下調，投資者體驗了「戴維斯雙殺」的負面威力，估值跌幅比盈利跌幅更大。當iPhone帶動智能手機潮流，4G所提供的流動寬頻變得穩定及相宜

時，流動商業及娛樂應運而生，至今仍持續出現不少顛覆傳統行業的公司。

作為投資者，我們也可憑社會／消費行為轉變去發掘優質增長股，2020年出現的新冠肺炎（COVID-19）疫情提升以下服務的需求及發展速度，為以下括弧內的相關公司提供未來持續增長的空間。

網上工作（Zoom（ZM.US））
網上學習（新東方在綫（1797））
網上醫療（阿里健康（0241）、平安好醫生（1833））
網上零售（香港電視（1137）、中國有贊（8083））
網上娛樂（騰訊（0700）、嗶哩嗶哩（BILI.US））
醫藥研發（藥明生物（2269）、藥明康德（2359））
物業管理（雅生活服務（3319）、碧桂園服務（6098））

政策配合

當2003年中國政府在香港實施自由行政策，大批中國遊客來港購物，令香港優質零售商維持了多年的增長。2010年代的頭中段，中國政府致力在國內打造高鐵網絡，整條供應鏈的公司期間也受惠。

中國政府於2018年明確國家對發展「互聯網＋醫療健康」的導向；2019年於新修訂的《中華人民共和國藥品管理法》允許在一定條件下可以通過網絡進行銷售，國務院亦發布《關於完善"互聯網＋"醫

療服務價格和醫保支付政策的指導意見》，首次提出符合條件的「互聯網＋」醫療服務可以納入醫保報銷範圍；2020年正式啟動「放心購藥」，慢性病患在天貓購買處方藥，最快30分鐘拿到藥。中國政府自2018年持續推出政策，為阿里健康（0241）的主要業務增加未來發展空間，其業績及股價自此明顯提升。

當中國及美國關係越來越差，部分國家加入制裁中國的行列，中國更需要增強「內循環」以維持經濟增長及加強獨立自主，會推出政策作出配合，優質內需股未來可以持續受惠。

第三章

判斷
增長股
的投資價值

3.1 增長股的估值方法

消費股多用市盈率/市盈增長率（PE/PEG）

說到一間公司的投資價值，大家或會即時想到估值，因為將事情量化，是最易理解的。股神巴菲特曾經談到「投資」，認為若果發現一間好公司，而且知道此公司有好的營運團隊，那麼就可以用合理的估值買入。不過，如先前提到，這是股票投資的傳統思維，現時市場資金會認為，只是好（Good）公司已非他們杯茶，投資者需要是偉大（Great）的公司，即是在未來高增長賽道有明顯競爭力的公司；至於何為合理估值，現時市場資金也有另一翻演譯，若果以市盈率(PE)、市賬率(PB)等傳統角度為偉大的公司估值，能夠以合理估值或合理估值以下買入的機會其實不多。我們主力研究及投資三個板塊的增長股，包括互聯網新經濟、大眾消費及醫療，當中只有物管公司、消費品牌公司及已進入成熟增長期的互聯網公司仍可用傳統的估值方法，其他的如正致力搶奪市場的新經濟公司、未有盈利的創新醫藥公司，便需衡量其市場深度、未來收入等去估值，有時候還需融合數種估值方法去考量。

市場上的估值方法有多種，作估值基礎的數據包括盈利（市盈率）、資產淨值（市帳率）、息率、現金流、EBITDA、內涵價值（股價對內涵價值比率）、收入（市銷率）等，用哪種方法可根據公司所處行業性質，如科網股可以看收入及EBITDA，保險股會看內涵價值、REITs看息率等。

消費股多用市盈率去估值，不同股票的市盈率有高低，影響因素包括未來增長空間、行業中競爭優勢、管理層質素、盈利增長穩定性、毛利率/純利率、現金流、負債情況等。

> **市盈率 = 股價/每股盈利**

參考過往數年的每年最高市盈率

既然估值市盈率的影響因素眾多，究竟怎樣去釐定某公司的估值水平？最基本的是參考市場於過往數年賦予的每年最高市盈率，出現值得參考的模式，可以代表市場對其估值水平的看法。如創科實業（0669）般，2017年、2018年及2019年的最高市盈率分別是25.9倍、24.0倍及24.7倍，水平差不多，大家便可假設平均數25倍市盈率是市場賦予的每年最高估值。不過，留意以往的規律只是具參考性的依據，市場或隨著先前提到的估值影響因素而於未來調整其估值水平。

也可用每股盈利增幅作依據

若果過往數年賦予的每年最高市盈率未形成規律，對每股盈利每年持續增長的公司，便可以其增長幅度作估值根據，以碧桂園服務（6098）為例，市場預期其每股盈利增幅會維持在平均30%水平，以PEG（市盈增長率，即市盈率（PE）/每股盈利（G））=1計，基本估值為30倍市盈率，市場會再按不同因素賦予溢價或折讓，因碧桂園服務為行業龍頭之一，市場會在估值上賦予溢價10至15倍，即其估值市盈率可達40至45倍，而此溢價水平會隨著市場的樂觀程度而提升，事實上不易掌握。好像於2020年7月，碧桂園服務的2020年預期市盈率約46倍，PEG約1.5倍，而規模較小但預期盈利增長更快的新城悅（1755）及永升生活服務（1995）的PEG只有約1.0倍。

和同類上市公司比較

另外，大家也可參考相類上市公司估值水平，而被用作參考的公司可以不是在本地上市，如愛康醫療（1789）主力從事生產及銷售骨關節植入物，與春立醫療器械（1858）為此範疇的國產龍頭，受惠國產替代進口，未來增長屬寡頭壟斷，非常吸引中國資金投資，前者於2020年3月被納入「港股通」名單，定價權便差不多全部掌握在中國資金手上，估值參考的對象會是中國骨科器械龍頭之一的大博醫療（002901.CN）的70倍估值市盈率，因此愛康醫療在2020

年6月的預期市盈率已達60至70倍水平，明顯比過往兩年的40倍水平高。

未有盈利公司用市銷率（PS）

如前文說過，用「望遠鏡」看的增長股可以是沒有盈利的。如果未有盈利，又如何估值呢？市場會以市銷率（PS）估值。

市銷率＝股價/每股營業額

以一間未有盈利的互聯網新經濟公司平安好醫生（1833）作例子，在2020年6月的預期市銷率約16倍水平，於香港及中國皆未有相類上市公司下，可以參考對象為於美國同是從事網上在診而規模相若的Teladoc Health（TDOC.US），在2020年6月的預期市銷率已達18倍水平。不過，留意這個例子的估值參考較間接，因為不同市場投資者的想法或不一樣，而因為市場對估值參考缺乏共識，股價波動會較大。

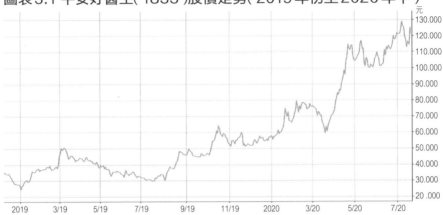

圖表3.1 平安好醫生(1833)股價走勢(2019年初至2020年中)

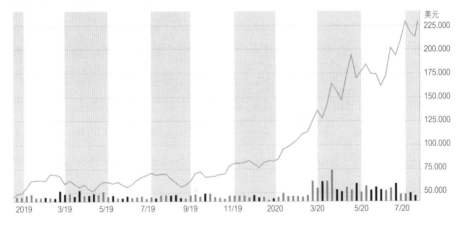

圖表3.2 Teladoc Health(TDOC.US)股價走勢
(2019年初至2020年中)

市值／商品成交金額（Market Cap／GMV）電商適用

GMV（Gross Merchandise Value，即商品成交金額）是電商（E-Commerce）公司網站成交金額，但留意此指標不只包括運費及賣家調整價格的變動部分，同時還包括了「點擊購買」後未發生實際支付的部分，與電商平台實際營業額有所差別，不過GMV仍往往用於主業為電商的公司估值參考。

以香港電視（1137.HK）為例，國際上增長較快的網購同業如東南亞網購龍頭SEA(SE.US) 的Market Cap／GMV比率約在1.5水平，比較下我們會認為香港電視的Market Cap／GMV比率也在相同水平。香港電視於2020年上半年及第三季的GMV分別為27.5億港元及16.3億港元，基於新冠肺炎於第四季因天氣轉冷而再度困擾的可能性不低，可假設全年GMV有60億港元，於Market Cap／GMV比率 = 1.5的情況下，公司估值也是 90億港元，以已發行股本為9.1億計，每股估值便是 $9.89。這樣便能知道港視股價是屬於合理或偏貴或偏便宜的水平。

不過，Market Cap／GMV比率的水平究竟是多少才合理，實不易掌握，但此比率用於發展階段相約的同業間比較，更具參考價值。好像於2020年中，中國主要電商阿里巴巴（9988.HK）、拼多多（PDD.US）及京東（9618.HK）的Market Cap／GMV比率

分別為0.58、0.48及0.24，拼多多雖然增長明顯較阿里巴巴快，但規模仍遠遠未及，此比率水平卻追近，可表示當時估值已非便宜（看圖表3.3）。

圖表3.3 市值/商品成交金額（Market Cap/GMV）
同業比較更具參考價值

電商	Market Cap/GMV
阿里巴巴	0.58
拼多多	0.48
京東	0.24

社交媒體留意 Market Cap/MAU（市值/月活躍用戶）

MAU（Monthly Active User）是月活躍用戶人數，往往用於以用戶數目為業務基礎的互聯網公司，如網站、社交媒體、視頻等，不過此數據只能反映用戶的活躍度，無法反映用戶的黏性。每MAU市值的水平究竟是多少才合理，也不易掌握，但此比率用於相類業務及目標客戶的同業間的比較，便具參考價值。好像Facebook(FB.US) 於2020年首季的Market Cap/MAU為US$252.9，而騰訊（0700）若不計遊戲業務，Market Cap/MAU則為US$303.4，似乎相對偏貴，Facebook的全球社交平台規模大於微信/WeChat，但騰訊市值還包括其在不同公司的股權投資，扣除後便相對合理。再以被稱為中國YouTube的Bilibili(BILI.

US）為例，其 Market Cap/MAU 於 2020 年中為 US$73，而 YouTube 雖非上市公司，但我們從其公布數據估算其 2020 年的 Market Cap/MAU 約 US$97，因 YouTube 規模及商業化遠高於 Bilibili，我們認為後者當時市值相對偏高。

現金流折讓（DCF）及分類加總估值法（SOTP）看出未來隱藏價值

現金流折讓（DCF）是估算公司未來數年的現金流，並將這些數據逐年根據市場利率折回現值。留意市場對某公司用的估值假設多有分歧，造成估值有時候可以分別不小。以採用 DCF 估值為例，需訂下無風險利率的參考數據、市場風險溢價及 Beta，以計算公司的加權平均資本成本（WACC），不同的參考及假設，會得到不同的結果。

分類加總估值法（Sum-of-the-Parts/SOTP）則將不同業務的估值加起來得到總市值，往往用於經營不同業務的公司，或擁有不同產品的公司。

以未有盈利的生物醫藥公司信達生物（1801）為例，市場會先以 DCF 計算每隻正在研發階段 (Pipeline) 藥物的現有估值，再以 SOTP 將所有數字加起來以得到總市值，有關如何判斷創新藥公司的投資價值，其後會有章節詳加剖析。

以 Bilibili 為例，市場會為其手遊業務以市盈率（PE）估值，其他業務則用每 MAU 價值計算，再以 SOTP 將所有數字加起來以得到總市值。

再以微創醫療（0853）為例，若果以 2020 年 7 月中股價 $42 計，2020 年及 2021 年的預期市盈率分別達 285 倍及 258 倍的超高水平，可見市場較傾向衡量其未來增長，因此並非以市盈率為其估值。因為微創醫療為醫療器械的綜合企業，市場會用分類加總估值法（SOTP），將旗下每個業務的價值相加，以得出整間公司的市值參考。

公司於年報中將業務分為八個範疇，微創醫療主業為「心血管介入產品」於 2019 年收入佔整體 33%，利潤按年升 31% 至 1.11 億美元，主要產品藥物洗脱支架，已經形成以國產支架為主導的格局，微創醫療及樂普醫療的市佔率皆為三成。樂普醫療（300003.CN））為中國 A 股，心血管支架收入佔整體約 25%，2020 年中市值約 800 億元人民幣，市盈率約 50 倍，以此水平計微創醫療的心血管介入約值 400 億港元。

骨科醫療器械方面，微創醫療 2019 年收入佔整體 29%，虧損 3,100 萬美元，主要產品包括關節重建、脊柱創傷以及其他專業植入物及工具等產品；集團旗下微創骨科學於 2020 年 5 月完成戰略投資 5.8 億元人民幣融資，實際股權由 100% 攤薄至約 85.2%，以此計算微創骨科學市值約 43 億港元。心律管理方面，2019 年收入佔整體

26%，虧損 5,500 萬美元，主要產品包括心臟起搏器、除顫器等，非中國業務收入佔 96%，以歐洲、中東及非洲客戶為主；集團旗下微創心律管理於 2020 年 7 月簽署 B 輪融資約束性協議，融資金額達 1.05 億美元，整體估值約 31 億港元。

大動脈及外周血管介入方面，持股 46% 的中國 A 股微創心脈醫療（688016.CN）於 2020 年 7 月市值約 240 億港元，主要產品有胸主和腹主動脈覆膜支架、藥物球囊擴張導管、外周血管球囊擴張導管等；2019 年收入 3.3 億元人民幣，純利按年升 56% 至 1.4 億元人民幣。神經介入產品方面，持股 83% 的微創神通佔整體收入 3.5%，分部盈利 500 萬美元，上市 15 年的 APOLLOTM 顱內動脈支架系統收入按年增長 32%。

心臟瓣膜方面，持股 57% 的微創心通於 2020 年 4 月中集資時，以市值 11 億美元釐定，即約 85 億港元，預期 2020 年內在香港招股上市，上市後市值預計在啟明醫療（2500）及沛嘉醫療（9996）之間，估計上市後約值 300 億港元。微創心通 2019 年收入 310 萬美元，可呈報分部虧損約 2,100 萬美元。手術機器人方面，持股 68% 的微創機器人致力於運用機器人、智能控制、信息領域的前沿研究和技術集成，提供創新性醫療產品，2020 年 4 月及 5 月分別公布戰略性投資，2020 年 9 月進行股權融資，整體估值約 250 億港元。

以此粗略估計，微創醫療於 2020 年的 SOTP 估值超過 1,000 億港元，業務仍在高速增長下，未來將不只此數，可以此作為投資目標

的參考。2020年很多知名基金分別增加於微創醫療及旗下子公司的投資,可見此公司的隱藏價值不容忽視。

Total Addressable Market (TAM)(整體潛在市場)透視潛能

整體潛在市場(Total Addressable Market/TAM)指一款產品或服務可以潛在達到的市場規模,我們可以從市場預測得到這個數據,並憑著對目標增長型公司的認識,估計公司將會在這個市場取得多少市佔率,再加上以其他地方同類公司相比較,以預測目標增長型公司的估值。

根據沛嘉醫療(9996)在2020年初的招股書,全球及中國的經導管心臟瓣膜置換(TAVR)市場收入於2025年預期分別約104億美元及63億元人民幣(約9億美元),後者因為仍在發展初期,增速明顯更快。

全球最大TAVR企業Edwards Lifesciences(EW.US)於2019年收入43億美元,按年升17%;於2020年中市值約440億美元。公司在美國TAVR市場佔有率約70%,在美國以外市場低於50%,假設全球市場佔有率約50%,即是全球TAVR市值於2020年中為Edwards Lifesciences的兩倍,約880億美元(440 x 2)。

中國TAVR市場收入預期於2025年為美國的9%，可推算中國TAVR市值於2020年中約79億美元（880 x 9%），即約610億港元。中國最大TAVR企業啟明醫療（2500）於2019年收入2.3億元人民幣，按年升103%，市場佔有率超過50%，我們可推算其於2020年中的市值不少於310億港元。

以上是透過計算而得出目標增長公司的估值，我們也可用另一角度去預計一間公司的估值可以去到哪個水平。行業賽道可謂斷定了公司的基因，我們必須選擇天花板足夠高，坡度足夠長的行業，這樣公司才能有足夠長的賽道去成長。至於行業賽道該當如何判斷？最簡單直接的方法是參考海外地區的歷史趨勢，再配合目標地區的人口結構、消費模式、收入支出比例等多方面因素去作一籃子考慮，這樣便能得出一個大概的整體潛在市場（TAM）。以醫療行業為例，美股在2010至2019這十年間，共誕生14家股價上升十倍的大市值醫藥股，其中8家為醫療器械公司、3家為創新藥公司及3家為醫療服務公司。醫療器械行業裏較容易出現大牛股，原因是此行業無專利懸崖，優於創新藥賽道。以全球最大的器械公司Medtronic（MDT.US）為例，市值已是10,000億港元水平，中國市場的人口更大，經濟發展趨勢向上，長期醫療需求應不比美國為差，哪怕未來本土的醫療器械公司未必能夠打進全球市場，單是一個中國市場也應該能夠支撐起十間八間3,000至5,000億港元市值的公司，我們若果經過深入分析，認為某間中國醫療器械公司可以成為其中一份子，這便成為中長期的估值目標。

Market Cap（市值）躍升的考量

要想投資做得出色，投資者必定要擁有領先於市場的投研能力，意思是在市場形成共識前已率先看到公司的真實價值。我們曾經看過一篇很好的分析文章，作者提及他會為不同股票分類，簡單分為10億元級別、100億元級別、1,000億元級別和10,000億元級別，然後再思考目標公司能否在未來成長至某一個級別之公司，實現10倍或以上的回報。

我們投資優質增長股時也可運用這個邏輯作思考，以美團點評（3690）為例，我們於2019年已公開分享其作為一個全方位生活化平台，市值在中期絕對值得上10,000億港元，而當時其市值還僅在5,000億港元以內。這個10,000億港元的數字目標絕對不是拍腦袋隨便得出來的數字，而是我們通過嚴謹比較美團點評與其他科網巨頭的估值、經營模式、護城河、發展軌跡等因素綜合得出來的結論，而當時騰訊及阿里巴巴已是40,000億港元市值的公司。對於手上持有的公司，我們會反覆思考其發展會否在往後的時間再上一個台階，市值再做一個躍升。我們希望在公司市值還小時已率先布局，並且分享其高速成長時帶來的股價上升動力。但是，並不是每家公司均有機會變為1,000億、甚至10,000億元市值的公司，因為其所處的行業賽道、商業模式、管理層思維、團隊能力等因素均會帶來不同的結果。

估值方法沒有長勝將軍

任何估值方法也不是完美，投行/證券行擁有很多資源及資訊，用較複雜的方法，也不見得某分析員的估值可長期準確。我們需要定期檢討估值，看看計算估值的元素有否改變，亦需留意市場調升或調低估值水平的風險。

以往我們可以用較簡單的市盈率估值法，以歷史規律或盈利增長速度作參考以推算估值，可以運用在不少股票上，包括增長股。不過，市場近年已進化至另一層次，市盈率估值法仍可用在盈利穩定上揚，增長已較成熟的公司上，而第一級市場資金聚焦的優質增長股，估值較多用在上述其他估值方法，但對不少投資者實不易掌握，如計算估值的數據存在很多假設及市場預期，假設的水平人言人殊，而市場預期數據多不可在免費渠道得到。不過，投資者也需知道主要市場資金的理念想法及估值方法，才會明白市場為何會對某增長股有這樣較傳統方法高的估值水平，因為若果用傳統的市盈率去計算，可能會錯失不少投資機會。

3.2 新經濟公司的投資價值

面對一些新經濟增長股，很多時候公司或許還未實現盈利，因此不存在市盈率的概念，於是很多投資者也會認為難以為其估值，然後直接選擇放棄買入。

投資市場中最有名而又最廣為人知的例子必然要數上Amazon（AMZN.US），公司初期的未有盈利只是財務上的一種表象，是公司創辦人貝索斯(Jeff Bezos)的一種戰略選擇，或許應該更確切地說，公司是過往多年「選擇性」地不實現盈利。早年不少投資者均認為公司的財務報表質量很差，因為從1997年至2018年，這家號稱全球最大的網購公司多年來才賺到約200億美元，而其中有一半更是2018年才賺到。以傳統價值投資角度，我們用市盈率概念去看的話，根本不能理解為何Amazon股價在如此「昂貴」的估值下，還能不斷創出新高。

圖表3.4 Amazon（AMZN.US）股價走勢（1997年初至2020年中）

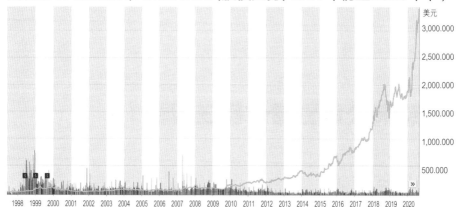

實際上，Amazon是採用截然不同的經營策略。貝索斯曾於股東大會上提出了「Day 1」概念，簡約意思是公司要保持創業時的激情和追求，而且公司要進行長期規劃，勇於開拓新業務去持續滿足客戶的需求。正正是因為貝索斯恪守這份精神，因此Amazon非常注重長期發展，將可用資金一分一毫均用在戰略布局，實現商業版圖的擴張（譬如現廣為人知道的雲計算業務AWS），霸佔更多的市場空間。因此，早期的亞馬遜是選擇性地虧損，典型先苦後甜式經營，最終一舉成為王者。

以Amazon作為絕佳例子，就是想側面指出投資者不應該單從報表上的盈利去斷定一間公司的價值，市盈率只是其中一個分析工具，但不是唯一的工具。以Amazon為例，如果投資者不把重心放在盈利上，而是先集中查看現金流的話，你會發現其實公司現金流很

強，源源不絕地支撐公司拓展商業版圖，公司財務健康得很。此外，除了財務報表外，我們看公司時的關鍵還是要看商業模式和管理層的質素，商業模式和管理層基本上斷定了公司的天花板。

互聯網公司影響估值三因素：

1.內容成本

以互聯網公司為例，投資者均認同互聯網公司是上佳的商業模式，因為透過網絡效應實現快速傳播，而且建設成本相對實業生意為低；但是反過來說，正正是以上優勢，也會暴露明顯的缺點，就是互聯網公司的護城河壁壘不高，競爭異常激烈，要想實現盈利並不容易，很難長期構建企業競爭力。因此，我們也不時看到很多互聯網公司在上市時喜歡「畫大餅」，提倡公司如何快速實現收入增長，如何累積用戶，先霸佔市場，後才想怎樣有盈利，怎知道到頭來公司多年來最終經不起市場的考驗，股價長期低迷。最佳例子應該要數上網約車公司如Uber（UBER.US）等，本身公司的商業模式面對著一個重大困難，就是對上游核心資源（司機）沒有議價權，對下游用戶則沒有提價權，於是公司便處於一個尷尬的境地，因此Uber燒上百億美元資金也很難建構護城河或實現盈利，只要對手犯本打價格戰，司機或用戶便會離開，因此資本市場對此類公司並不特別買賬。類似Uber這種內容成本價格過高的公司還不少，

譬如長視頻平台如愛奇藝（IQ.US）或Netflix（NFLX.US）等，好劇集的版權競爭激烈，同樣導致上游資源昂貴，而下游用戶基本上沒有轉換成本，哪家公司能夠提供好的劇集資源，顧客便會迅速離開原有平台。當然，Netflix現在走上自家製作是一條出路，但是路還漫長，而且半路上還出現其他巨頭如HBO及Disney(DIS.US)，一路走來誰勝誰負還未可知。

2. 變現能力

除了內容成本是重要考核一環，變現能力也是需要非常重視的一環。因為活躍用戶數量多寡並不等於盈利能力，歷史上不少互聯網公司也曾為資本市場帶來美好的願景，但是最終用戶數字是上來了，但是公司卻遲遲難以透過用戶來變現，其中一個最佳例子是地圖軟件。以國內常用的高德地圖為例，基本上駕駛者無一不推介，但是地圖軟件的界面很難投放廣告，一旦廣告過多只會影響用戶體驗，反而讓對手有機可乘搶走。用戶體驗是互聯網公司其中一大核心護城河，得用戶得天下，但是往往良好的用戶體驗就變成跟變現能力作對，既要有好的用戶體驗，又要有絕佳變現能力，難度非常之高。就以國內用戶體驗首屈一指的科網巨頭騰訊（0700）為例，在廣告發放上也花上了很多心思，寧願每一步走得慢一點，也深怕影響用戶體驗，因此微信是每一步相當小心地實踐盈利化。

除了廣告之外，某些互聯網公司會選擇以會員費去實現變現。國外零售巨頭Costco（COST.US）就是其中的表表者，基本上每項在商超售出之貨品也是盡量維持低價，以吸引顧客重複購買；而出售貨品之毛利基本上全部用作抵扣整家公司之開支，而最終公司只靠收取顧客之會員費來實現盈利。收取會員費看似簡單，但是在競爭激烈的互聯網界也是難事，譬如上文提到的長視頻平台Netflix，Netflix製作了多部全球知名之電視劇集，但是現在會員費也繼續是低至每月13美元，而短時間內看似還很難有提價空間，因為近年連娛樂巨頭Disney也進入了這個市場，更用上了低至每月7美元去進擊，而這個月費更是套餐價錢，可謂以本傷人。

而2019年至今港股中的美團點評（3690）成為市場焦點，其中就是變現能力得到改善和被市場看通其盈利模式。首先，原來看似一直會虧大錢的外賣業務，在規模不斷上升下竟然能夠實現盈利，過往一直拖著後腿的業務也能變成盈利引擎，而且外賣業務還在迅速增長中，市場空間依然巨大，2020年的新冠肺炎雖然曾打擊其外賣業務，但卻意外地加速開拓更多餐廳及消費者使用此平台。而且美團點評最聰明的地方是，就算外賣未見盈利，只要維持在盈虧平衡點附近，同時成為一個社會生活化平台的入口，透過其他業務如酒店到旅等業務實現盈利，也是一種變現模式，而市場也是看到美團有持續盈利的可能，從而重估公司價值，公司股價也因此大升。

圖表3.5 美團點評(3690)股價走勢(2018年尾至2020年中)

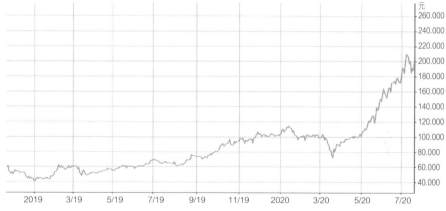

3. 獲客成本

除了要考核內容成本及變現能力，現將重點分享最後一個研究要素：獲客成本。部分互聯網公司有較高的行業進入壁壘，譬如我們持續關注的線上醫療和線上教育板塊。其中，以線上醫療為例，國家的監管比較多，因為這始終是關係到市民的生命健康，因此過去放開的速度是緩慢的，及自2019年國家開始認定網上醫療有其重要性，主要是解決國內醫療供應不平衡、醫保收入與開支失衡及低線城市對優質醫療的需求等，因此在政策上陸續放開，現在個別地區的市民進行線上診斷也已經能夠將醫保開支報保險，而長期病患者也能通過阿里健康的平台購買處方藥。正正是監管相對較嚴，市場上出現的競爭者數目或許會較自由競爭情況下為少，但這也不代表每家公司均能實現盈利，因為互聯網公司的轉化率普遍較低，而獲客成本又長期高居不下。

因為隨著互聯網紅利消失，現在基本上國內的手機用戶增長已近封頂，各個互聯網公司要爭奪的事已改為用戶的使用時長，因此競爭是極度激烈。很多公司雖然能夠錄得銷售，但是營銷費用卻很可能已佔去很大部分，於是在扣除營銷費用及其他成本後，互聯網公司基本上只能錄得巨大虧損。

又以我們長期覆蓋的線上教育為例，現時線上K12培訓機構中暫時只有跟誰學（GSX.US）成功有盈利，其他對手強如老龍頭企業好

未來（TAL.US）或新東方（EDU.US）等還在為實現盈利而摸索當中。雖然線上機構的招生節奏與線下基本一致，但是獲客渠道很不同；線下教育是一種基於本地流量的商業模式，主要獲客手段是依靠口碑和地面推廣，而線上教育則是運用互聯網模式，主要流量是依賴網上，但是機構與機構之間的流量來源是相同，流量成本高就導致成本高企，很難實現盈利。根據行內公司提供的數據顯示，於2020年一般體驗課程付費用戶（每課低於100元人民幣，貨幣下同）的獲客成本普遍在500至800元，轉為正價課用戶（1,000元以上）的獲客成本可高達1,600至5,300元。因此，如果機構未能成功轉化客戶為正價課程，亦未能長期保留客戶以賺取一個長期的生命周期，那樣虧損是必然發生的。因此，對於線上教育機構來說，最佳的發展路向應是逐步發展品牌，以口碑引流，逐步降低廣告投放，提升低價體驗課程轉化為正價課程的比率，獲客成本才能逐漸降低。因此，強如龍頭的好未來也因為線上獲客成本高企而令到整份報表陷入了虧損，行業內大概只有跟誰學能夠做到盈利。

其他新經濟互聯網公司同樣也面對如此難題，大概只有很少數公司是能夠實現盈利，因此除非這些公司能夠做到規模效應、或者擁有卓越營銷能力及成本控制能力，否則實現盈利依然是遙遙無期之事。

3.3 創新藥企的投資價值

隨著港交所和科創板允許未盈利生物醫藥企業上市，越來越多創新藥公司陸續走向資本市場。但是，由於大部分公司之新藥研發還處於臨床階段，未實現銷售，因此可能在報表上是處於虧損狀態，投資者常用的市盈率（PE）等相對估值方法則存在一定的局限性，也無法充分反映在研新藥的價值。尤其是針對研發投入較大、新藥管線（Pipeline）豐富的公司，PE 估值的局限性就會更加明顯。

現金流折現（DCF）的三個核心變數

現金流折現（Discounted Cash Flow, DCF）是全球市場通行的創新藥估值方式，不僅適用於市值數千萬美元的小型生物科技（Biotech）公司，也同樣適用於市值超過千億美元的世界製藥巨頭，在售和在研新藥的估值通過折現法轉化為市值，表觀上通過市值來反映公司的估值水準。因此，創新藥企的估值水準與 PE 沒有直接邏輯關係，PE 的高低無法衡量估值水準的高低，市值才是反映創新藥企估值的最優指標。也即是說：創新藥的估值「看市值、不看PE」。

一般而言，現金流折現主要圍繞三個核心變數是臨床概率 P、銷售曲線 S 和生命周期 T。 DCF 估值不是數位遊戲，每個假設都應當有相應的邏輯支撐，因為 S、P、T 三個要素變化時，DCF 估值的結果亦會顯著差異。

銷售曲線 S

其中銷售曲線 S，我們主要是看市場份額。新藥銷售曲線預測的主要原則是，以流行病學決定市場天花板，以醫保和支付能力決定滲透率及以競爭格局決定市場份額。我們在做收入預測時一般會從適應症出發，考慮藥物的潛在患者數目，再考慮滲透率及市場份額等因素作假設，最終結合藥物定價來計算收入。

生命周期 T

至於生命周期 T，任何一款創新藥都有其生命周期。一般而言，當新藥的專利期到期時，仿製藥就會批量上市，以低價格進行替代，創新藥進入衰退期，銷售額迅速下滑。因此，新藥的生命周期主要是指從上市到專利過期，扣除臨床研究的時間，一般為 10-15 年。專利期可以通過劑型改良或新增適應症延長，上市時間可以通過優先審評和臨床效率加速。

臨床成功率 P 值

對於臨床成功率 P 值，這是決定創新藥估值高低的核心因素，而每個階段的 P 值預測只在該階段完成前有意義，完成後 P=0 或 1。P值這種非0即 1 的特性直接導致創新藥公司的股價受事件驅動而暴漲暴跌。最後，當然我們還要考慮折現率，由於創新藥研究風險非常高，以美國藥物研究數據為例，一個新藥研發項目從 I 期至商業化的概率僅為9.6%，因此在考慮前述風險調整的基礎上，我們一般會以10%或以上的折現率去計算。

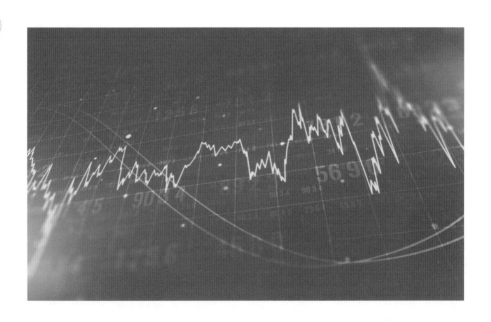

除了DCF估值外，大家也可以以類比的方式作估值，包括是可比交易及可比公司。其中可比交易是從市場近期的交易中，看看哪些藥品授權（License）交易與正在研究之創新藥公司類似，其中可以留意的要點包括：藥物適應症、研發進度、市場競爭格局等；通過參考市場中同類交易的估值，大家可以按需要調整一下，也可作為估值輔助。而可比公司則是指會以國內外同類型已上市之公司的估值作參考，主要也是抽取一些產品線類近、研發進度相近之公司，然後再以按照實際情況調整估值。

總的來說，創新藥之估值方法相對複雜，也很難有一個完全準確的數字；其中較簡易的方法是看市值，投資市場大部分時間是理性和高效，市值某程度上是反應了資金對公司及其管線投下信心的一票。

增長股是一件藝術品

為一間上市公司估值，可謂一門藝術，因為沒有必然準確的答案，就如藝術品般各花入各眼，各有各的估值。不過，於長時間低息環境下，一間公司的業績可以持續錄得增長，難度比以前高，因此估值也會比以前高；若果一間公司的業績可以持續錄得高增長，而此高增長是受到護城河或競爭優勢保護，增長股便尤如是一件罕有的藝術品，被有識之士爭相競投，供不應求下估值自然是水漲船高；

尤更甚者，這些有識之士正正是在低息環境下從市場取得最多資金，因此不介意用高價取得心頭好，作為個人長期珍藏。

如先前提到，長時間低息環境是造就這種情況的重要元素，當借貸成本是年息5%，投資者會希望所投資的公司每年至少有5%回報，這間公司的市盈率便是20倍(100/5)；當借貸成本是年息2%，投資者會希望所投資的公司每年至少有2%回報，這間公司的市盈率便是50倍(100/2)；而當借貸成本是年息1%，投資者會希望所投資的公司每年至少有1%回報，這間公司的市盈率便是100倍(100/1)。若以美國10年國債債息作為借貸成本基準，息率於2012年至2019年在1.5%至3.0%間徘徊；2020年上半年，息率長時間在1.0%以下，而聯儲局局長於2020年中預期2022年或之前也不會加息，以此推論，增長股的高估值仍然可以維持一段較長時間。

雖說如此，大家也不是無底線不計回報去搶購增長股，始終一個估值過高的增長型企業，很難說是一個好的投資，好像騰訊控股（0700）在2020年的合理估值是$550，若當年以$650買入，雖然可以說是買貴了，但是公司每股盈利增速仍然有20至25%，只消待上一年也會得到回報。可是若果在2020年以$1,000買入騰訊控股，或需待上三至四年才會得到回報，以投資角度看便不大值得。

競投買入罕有藝術品的人基本可以分為兩類，一類是超長線收藏家，買入後沒打算於在生之年賣出，他們有些甚至不介意用超高價買入，順道提升自己的名聲，滿足自己的虛榮感，因為他們並非在投資，以投資角度看自然是不大理性；另一類則是想在未來以更高價賣出以賺取利潤，他們現在不介意用高價投得目標物，最重要是他們會估計數年後可以用更高價賣出，因為他們是在投資，以投資角度看自然是理性。大家作為理性的投資者，在買入增長股時理應懂得作出適當的決定。

第四章

焦點一：
互聯網
新經濟

4.1 尋找黃金賽道中的領頭羊

要做好投資，分辨一個好行業遠比分辨一個好管理層容易；因此，我們一直致力尋找一些處於黃金賽道的行業，並在行業正式爆發時（催化劑）把握機會積極投資，而其中互聯網醫療便是我們近年的研究熱點。

互聯網診療也能報銷

我們確信互聯網醫療的發展將會提速，這是因為於2019年9月，國家醫保局公布《國家醫療保障局關於完善"互聯網＋"醫療服務價格和醫保支付政策的指導意見》，正式明確互聯網醫療可以使用醫保支付，要求各省醫保局制定相應的支付流程，這個政策將會大大促進中國互聯網醫療的發展，可以看做互聯網醫療正式啟動的元年。這一變化也將有望從根本上解決互聯網診療不能報銷的行業痛點，互聯網診療也將如線下醫院就診一樣納入到社會福利保障中去變得更為常規化。過往一直困擾互聯網醫療的最大問題便是醫保支付問題，因為病人在互聯網醫療平台上的各種費用只能用現金支付，但是隨著政策放開，問題將迎刃而解，病人將可以享受到更快捷的醫療服務，亦享受到國家福利。

根據市場機構預測，自2016年起線上問診增速達到35%，到2025年，年均線上問診達到35億次，佔所有診療的26%。而中國互聯網醫療市場規模於2018年達到455億元人民幣，未來五年年均複合增長率約為40.12%，2022年將達到1,754億元人民幣。

內地優質醫療資源稀缺

互聯網醫療主力可以解決以下問題和需求。首先，現時中國的優質醫療資源稀缺及分布不均，導致醫療質素最佳的三級醫院（佔醫院總數只有8%）負擔了高達50%的診療，這令醫療服務體驗變差，往往病人平均等上3至4個小時，實際會面醫生問診只有數分鐘；

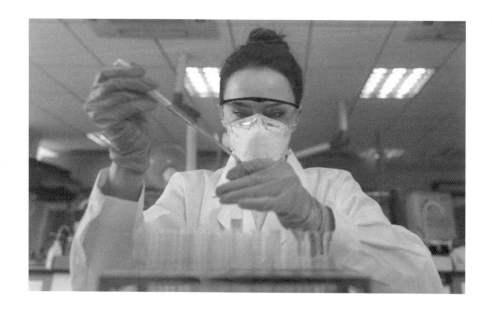

而且這些較好的三級醫院往往位於大城市，偏遠城市的好醫院、好醫生則稀缺，也會令到醫療服務不到位。而且伴隨著居民生活水平提升，對健康管理的需求日益旺盛，存量的以治療為主、忽略預防及康復的醫療模式顯然已經不能滿足需求，互聯網醫療是解決分級診療問題的唯一出路。而且互聯網醫療能借助人工智能 AI 系統，節省大量人力物力。AI 系統可以幫助醫生看各種影像資料，篩選診斷疾病，並可以提高正確率。在問診時，借助 AI 系統，根據症狀、患者訴說，初步診斷疾病，利用大數據分析、歸納、分辨疾病類型，提出初步治療方案。醫生借助系統，最後做出診斷，提出治療方案，可以大大提高效率。

發現好行業後 再在其中找目標

當我們發現了好行業，下一步我們便要尋找投資標的，看看哪家公司會在競爭激烈的市場中突圍而出。因為整個互聯網醫療行業內，已經不乏玩家，有平安好醫生（1833）之外，還有微醫、春雨醫生、阿里健康（0241）、好大夫在線、京東健康等。2020的新冠肺炎疫情再次將互聯網醫療推上了前台，互聯網醫療公司如雨後春筍般破土而生，那麼諸多的平台公司誰又將勝出呢？當我們細看時，我們認為平安好醫生具備巨大的先行優勢。

4.2 互聯網醫療：
平安好醫生（1833）

從商業模式看，互聯網醫療是輕資產運營模式，公司需要做的是建平台，整合資源。譬如招股書列出於2016年時平安好醫生（1833）的MAU（月活躍用戶）為2,180萬，位列行業第一，是行業第二的5倍，遙遙領先。況且，最重要是公司背靠中國的保險集團，投行中信建設曾經測算，公司於2018年自有渠道獲客成本低於15元人民幣／人，綜合獲客成本低於10元人民幣／人，遠遠低於其他對手平均200元人民幣／人的獲客成本。而其中公司的一個最大優勢是自有1,400多人的醫療團隊和AI輔助診療設備，而不是全靠在職醫生，這樣能夠有效地提高病人的用戶體驗。

2018年，來自於平安壽險「就醫360」計劃的100萬重疾病會員客戶，就提供了2億元人民幣的營業收入。值得一提的是，平安壽險有1.82億客戶，會員才僅有100萬，佔比不到1%，其潛力發展空間依然巨大。或許有部分投資者會擔心對母公司的依賴太多，但是如果翻開近年的業績數據去看看的話，不難發現來自母公司的收入佔比在逐年減少，對集團的依賴性不斷在減弱。

擁最先進 AI 醫療科技

軟銀董事長孫正義曾提到「平安好醫生的 AI 醫療科技是全球最先進的」。正因如此，他投資 4 億美元給平安好醫生。AI 輔助系統可以實現智能導診、智能診斷、智能處方，大大簡化了醫生的勞動。其系統已經可以解決 3,000 個病種的問診。通過圖文、語音、視頻、線上諮詢，系統可以收集越來越多的病史信息，為科學診斷提供幫助。又如，通過健康管理＋移動醫療模式，病人可以把手放入診斷脈象的手環內，儀器可以及時將脈診結果和圖形數據傳遞雲端，做出分析。「獨立問診室」與「智能藥櫃」相配合，病人短時間內就可以問診取藥。「現代華佗計劃」中的智能舌診服務，遠程就診，就可以根據舌色、舌苔變化，判斷病情。互聯網醫療，正因為能夠解決醫療資源分配不均衡，醫療服務水準較低的問題，才更為人所青睞。

內地加快互聯網醫療發展

2020 年，受新冠疫情的影響，國家及地方各級衛健部門紛紛出台文件，要求加快互聯網醫療的發展。我們認為電子處方和互聯網醫療納入醫保，將是對互聯網醫療支持政策的分水嶺，必將起到極大的促進作用。

四大業務保持強勁增長

平安好醫生的收入主要由在線醫療、消費型醫療、健康商城以及健康管理和互動等四大業務板塊構成，單從數據上看，四大業務板塊均保持強勁的增長態勢。公司於2019年中期業績會上表示，希望繼續將毛利率較高的在線醫療業務板塊做強做大，並指出平安好醫生與商業保險公司的合作與會員制是在線醫療商業化的重要方向，也是在線醫療板塊的主要收入來源和增長動力。

為了進一步擴展業務規模，於2020年6月公司推出了戰略級付費會員新產品「平安好醫生私人醫生」，目標為2億以上的新中產人群打造全方位、高品質的醫療健康服務，提供包括健康管理、實時問

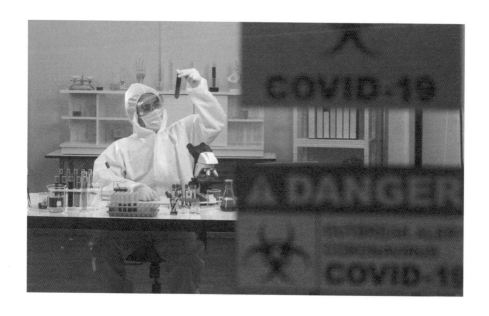

診諮詢、名醫二診和線下門診就醫安排等一站式醫療健康服務。私家醫生上線首日，即與全球29家行業巨頭達成合作，簽約的公司涵蓋銀行、保險、汽車、通信、母嬰、藥店零售等多個行業，總金額突破了3億元人民幣。

家庭醫生策略致勝

根據公司分析，互聯網醫療要經歷四個階段，第一是用戶場景，第二是數據積累，第三是爆發式增長，第四是大規模盈利，公司於2020年仍處於第二階段。平安好醫生從2015年至2018年，虧損額分別為3.2億元人民幣、7.6億元人民幣、10億元人民幣、9.1億元人民幣，總計虧損30億元人民幣。有資料顯示，高峰時，進軍互聯網醫療的企業有5,000多家，過去的四年裡，行業融資達到2,000億元人民幣。大浪淘沙，剩下的已是鳳毛麟角，微醫、春雨醫生、好大夫在線、丁香園醫生還在激烈競爭，但平安好醫生已佔得先機，我們認為家庭醫生服務是一個重點策略性產品，將能有助培育用戶的線上醫療需求。我們在往後期望看到管理層在引流、轉化付費用戶等領域能夠做到更多，這將斷定公司未來長期走向。

至於公司的未來發展，第一，將推進與福建省福州市衛健委合作，構建區域互聯網醫療平台，往後當地居民只需使用社保卡即可使用服務；第二，繼續推進線下藥店合作模式，另外公司也於2019年

年底收購中國最大連鎖藥店的信息服務商海典軟件；第三，持續增加私家醫生服務板塊的投入；第四，積極拓展海外，輸出運營經驗。公司與印尼的GRAB正式於2019年第四季推出在線醫療平台，上線首月的日均問診量達到4,000單，目標用戶將近3億人。另外，公司也與主要股東軟銀成立合資公司，推出了在線醫療健康服務平台，正式進軍日本市場。公司也預備與沙特阿拉伯展開合作，以全新商業模式，推出技術授權的方式出海。

圖表4.1 平安好醫生（1833）股價走勢（2019年初至2020年中）

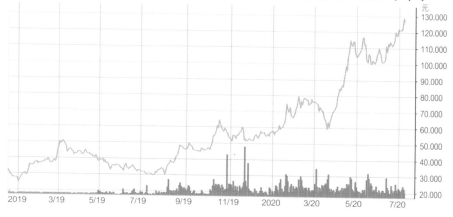

總結：

注意政策風向
宜選擇政府輔助的順風行業

醫療行業是相當受到政策風向影響的，因此我們要選擇一些政府輔助的順風行業，我們認為平安好醫生是其中一間主要受惠的公司，加上受到新冠肺炎疫情的影響，國家及地方各級衛健部門紛紛出台文件，要求加快互聯網醫療的發展，從現實需求看，在線診療的需求越來越大，更可以加速公司的未來發展。

平安好醫生的先天優勢，是承繼了母公司的優質品牌及網絡，獲客成本較同業低，加上全球領先的 AI 醫療科技，服務不斷推陳出新，相輔相成，在未來五年年均複合增長率達40%的中國互聯網醫療市場，很大機會成為領頭羊之一。

2020年中，平安好醫生撤換了主要管理人員，換上和母公司關係較密切的管理層，至於他們將如何承先啟後，或深入與母公司的合作，需要觀察跟進，看看是風險還是機會。

4.3 醫療電商：
阿里健康（0241）

除了平安好醫生（1833）之外，阿里健康（0241）也是互聯網醫療的一個重要玩家；而阿里健康本身更側重於醫療電商領域，這點定位也與平安好醫生不盡相同。

內地醫藥分離 處方外流是新趨勢

在中國醫藥分離政策的背景下，處方外流（醫院治療用藥在院內處方，然後在社區藥店配藥）成為了一個新趨勢。而消費者（C端）的醫療商業模式最終都會通過賣藥來變現，阿里健康肯定是這波行業變革裡中的受益者。而公司目前最大的紅利就是處方外流和OTC藥品（非處方藥，又稱為成藥）線上售賣的趨勢。

現時中國總體的藥品市場規模大概有2萬億元人民幣，其中公立醫院，零售終端（藥店），和基層醫療機構賣藥佔比為67%，23%，10%。 醫院和藥店是兩個核心的終端，而醫院擁有患者和處方，是目前整條產業鏈中擁有最強話語權力。而隨著中國這些年推出兩票制（藥品從藥廠賣到一級經銷商開一次發票，經銷商賣到醫院再開一次發票，代替目前常見的七票、八票，減少過多分銷過程造成

非必要成本），醫藥流通（從上游廠家採購貨物，再批發給下游經銷商，或直接出售給醫院及藥店等）的中小型企業的生存空間被大量擠壓，也令市場的集中度得到提升。

醫藥電商入局的三種模式

除了原來的競爭者外，在政策和科技的輔助下，電商平台也紛紛在醫藥行業布局。醫藥電商入局的模式分為B2B，O2O和B2C。B2B業務就是藥廠到終端醫院或者藥店的業務；O2O就是建立一個物流配送網絡平台，幫助線下藥店接單，送貨上門；而B2C業務則是藥廠，藥店或者電商自營在網上平台賣藥。

阿里健康的四大戰略優勢

與主要競爭對手平安好醫生相比，阿里健康的戰略優勢體現在幾個主要方面：

第一是其用戶基數、用戶黏性以及不可替代性仍然是整個中國互聯網行業最高的。儘管它在某些領域（例如在線診療）暫時落後於競爭對手，但是得益於阿里系在電商的王者地位，它總能保持在總量上的巨大優勢。通過戰略投資和併購獲得的新興業務也正在融入其龐大的生態系統；

第二是非常重視其用戶體驗，並不急於短期變現。從過往的電商經驗所得，阿里目標是先建立牢固的用戶群體和商家，豐富整個消費場景，然後才考慮在轉換率（Take Rate）、廣告營銷等領域變現，一旦消費習慣建立起來，客戶及商家要付出巨大的變更成本（Switching Cost）才能離開平台。因此，在互聯網醫療領域，尤其是醫療電商這一塊，阿里健康也不急於提升變現率，反而是希望消費者將更多有關醫療物品的開銷轉到網上平台發生，同時利用醫療電商的高頻業務去輔助發展其他如線上健康諮詢等互聯網業務；

第三是在其品牌建設方面，由阿里健康和螞蟻金服共同投資的浙江扁鵲健康數據技術有限公司所承建的「浙江省互聯網醫院平台」正式發布，並成為全國第一個集監管能力和服務能力於一體的區域互聯網醫療平台。雖然有互聯網巨頭在進軍此領域，但是以阿里健康的根基最深厚。不過，公司在線上診療方面暫時還落後主要對手如平安好醫生等。

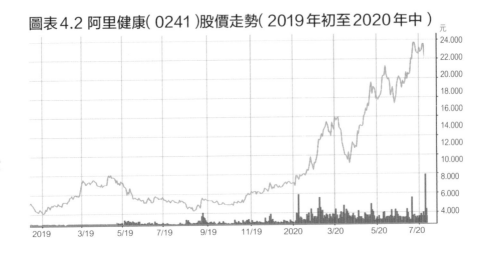

圖表4.2 阿里健康（0241）股價走勢（2019年初至2020年中）

元
24.000
22.000
20.000
18.000
16.000
14.000
12.000
10.000
8.000
6.000
4.000

2019　3/19　5/19　7/19　9/19　11/19　2020　3/20　5/20　7/20

總結：
阿里健康受惠系內電商基因

我們認為阿里健康會和平安好醫生般，受惠政府推動中國互聯網醫療市場的政策，不過範疇會有所不同，主要憑著阿里系的電商基因及優勢，會受惠於處方外流和OTC藥品線上售賣的趨勢，而中國總體的藥品市場規模大概有2萬億元人民幣，未來逐步轉移線上會是一個很高的增長空間。

戰略併購新興業務　融入其龐大生態系統

和平安好醫生一樣，阿里健康的先前優勢是承繼了母公司的優質品牌及網絡，公司從母公司收購的健康醫療平台天貓醫藥館的消費醫療業務等，通過戰略投資和併購獲得的新興業務，也正在融入其龐大的生態系統，並且推出更多產品及服務以符合市場的需要。

4.4 宅經濟機遇：美團點評（3690）

大家要認識一間公司，可以先看看其使命宣言（Mission Statement），因為很多成功的公司會由使命驅動去制訂策略及用行動去實踐。好像阿里巴巴（9988）的使命宣言是「讓天下沒有難做的生意」，其所推出的B2B配對網站、淘寶及天貓網購、支付寶、阿里雲等從不同方面去實踐這個使命。

冀佔據整條供應鏈

美團點評（3690）也是一間使命驅動的公司，其使命是「幫大家吃得更好，生活更好」（Eat Better, Live Better），表面看似簡單，但實不易為也。集團在2020年的最新戰略是聚焦「食物＋平台」（Food+Platform），以「吃」為核心，建設生活服務業從需求側到供給側的多層次科技服務平台，吃的需求側是面向顧客，公司可以幫到的是按他們需求，找到適時適地的餐廳到店（大眾點評），又或落單送外賣（美團外賣）；也可以幫到他們找尋適合的新鮮食物或食材，甚或下單要求送貨（美團買菜）。另一方面，吃的供給側則面向餐廳商家，美團可以幫到的是按他們需求，找到適合的食物或食材（快驢進貨），應用適合的零售及支付系統（聚合支付），提供渠

道送外賣給顧客（美團外賣）。

美團點評看似做著很多表面未見關聯的事情，但了解其使命後，便會知其原委，其實是想盡量佔據整條供應鏈，建立自己的生態系統，令持份者倚賴，然後便可持續從服務中賺錢，看看其他服務如美團酒店、美團旅遊、美團打車、美團單車等，便是盡量滿足客戶的每方每面。

看創始人及管理層能力

大家要估計一間公司未來的天花板有多高，可以先看看其創始人及管理層的能力，而去判斷一個人的能力有多高，最好的方法是看看其歷史及功績。看美團點評的歷史，創始人王興於2010年建立美團，主要業務是團購，一個瘋潮一時但相信大家已差不多忘掉的現象；2011至2012年，中國有5,000個團購網站大混戰，史稱「千團大戰」，美團能脫穎而出活著走下去，便可見其管理層的實力，更重要的是，當時並非如其他對手般鬥燒錢，而是不行代理制，在每個地方建立自己的地推團隊，注重執行力，做好服務，一步一步將包括有更強實力支持的對手擊倒。

美團外賣成為霸主

阿里巴巴於2018年開始藉收購及整合內部資源，大力發展本地生

活服務，口碑、餓了麼、天貓淘寶及支付寶形成一套提供給餐廳商家的解決方案，他們可以實現線上線下數據打通，洞察顧客的能力，以安排業務規劃及做出更精準的營銷。餓了麼首席執行官王磊於2018年中接受媒體訪問時，表示有信心可以在中短期就達到佔據市場至少50%份額的目標，表面看美團點評有被打敗的可能性。可是發展下去，美團外賣的市佔率由2018年第一季的59%，逐步遞增至2019年第三季的66%，再次打了一場漂亮的勝仗，美團外賣已成霸主地位，餓了麼卻節節敗退。

不時會見到有評論擔心美團點評未來發展將無以為繼，若果大家能預測到這些互聯網巨企的下一步發展策略，這些巨企的市值便不會那樣高不可攀，就如我們當年無法預測 Apple 會推出 iPod 或 iPhone，也無法預測 Amazon 會推出 Amazon Web Service（AWS），投資他們的股票，是看好創辦人及管理層有本事，就著公司的使命，去持續創造價值及開闢新業務，為公司的收入及盈利帶來增長動力，而看好的信心便是源於認識公司及創辦人的歷史。

美團外賣可以令美團品牌更多人認識，亦可取得客戶及數據，以開拓其他業務以賺更多的錢，到店、酒店及旅遊業務便提供了大部份的盈利。2020年第一季，中國經濟受新冠肺炎重挫，美團點評的賺錢業務也受到很大程度的影響，此季業績不算是對管理層另一次大考，而股價於5月25日公布季績後的四個星期上升38%，顯示市場資金對此次大考給了一個很高的分數。

125

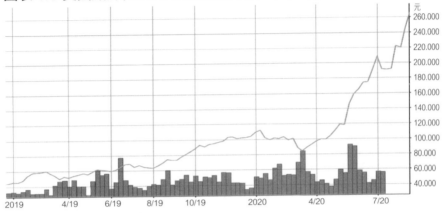

圖表4.3 美團點評(3690)股價走勢(2019年1月至2020年中)

顯示出逆境下的執行力

總體來說，疫情對外賣、到店及本地生活化服務等日常營運均造成嚴重影響，但是業績表現仍略優於市場預期。第一季度經營虧損為2億元，按年增加31.6%；經營利潤率從-6.8%擴大至-10.2%；經調整EBITDA（息稅折舊及攤銷前利潤）為4,130萬元人民幣，按年減少91%；經調整淨虧損為16億元人民幣，則按年收窄79.4%；經營現金流從2019年第四季度的淨流入31億元人民幣，轉為2020年首季度的淨流出50億元人民幣。

餐飲外賣在2019年第四季實現盈利，2020年第一季則錄得微虧，但客戶單價卻按年升16.3%至52元人民幣，公司在疫情期間意外地擴闊了供應端及需求端，並進一步擴大高端選擇，為未來的業務擴容打下了基礎。在供應端，越來越多的品牌和連鎖餐廳加快向在

線渠道遷移，中小型餐廳也在努力改善其在線運營以提高其服務質量。在需求端，更多的消費者意識到疫情期間，外賣服務可以提供便利，他們傾向於在更多樣化的消費場景中點外賣，不僅是快餐，正式的晚餐也可以，並且願意為更高質量的商品付款，下達高額訂單。因此，公司在2020年第一季仍然實現了用戶和商家的雙增長，每位交易用戶年均交易筆數從24.8筆升至26.2筆。另外，於疫情期間，越來越多消費者開始在美團的平台上訂購非食品類別的商品，他們購買幾乎所有東西，包括藥品、鮮花等。

美團點評的管理層再次顯示了他們在逆境下的執行能力，及藉逆境擴充業務的能耐，還許下到2025年每天達到1億個訂單，每單賺到1塊錢經營利潤的目標，為市場資金提升對其業績未來增長的天花板。

總結：
建立黏性高的品牌 儲忠實用戶

我們認為美團點評是一間優質增長企業，主要是管理層無論在順境及逆境也有能力持續創造價值，公司已完成第一階段的布局，建立了一個黏性高的品牌，以外賣生意為中心，獲得很多忠實用戶，並建立生態圈，以拓展更多符合使命宣言的服務。2020年起，中美關係惡化令中國政府更重視內循環的發展，美團點評的業務基本上全部在中國境內，可受惠這個發展趨勢。

4.5 網上教學：
新東方在綫（1797）

教育是我們一直密切關切的重點行業之一，當中的業態很多，包括 K12 教育、K12 課後培訓、大專或者職業培訓等，鑒於篇幅所限，我們將重點研究範圍放在 K12 課後培訓上。眾所周知，現時好未來（TAL.US）和新東方（EDU.US）均是此領域之龍頭企業，但是他們的合計市佔率卻依然不足 5%，這是因為教育行業本身極度分散，不同程度、校區的學生及家長對教育需求會有所不同，很難有一個品牌可以完全霸佔整個市場；從樂觀角度看，龍頭企業依然有一個很大空間去成長和發展。再者，好未來及新東方過往集中攻佔一、二線城市，其他較低線的城市存在巨大的市場空間，可讓龍頭公司把握消費下沉的概念。

在線教育模式可取

我們一直喜歡 K12 課後培訓的商業模式，這是因為它具備一個天然優勢，有剛性需求、服務時間周期很長，每一個用戶從小學到高中，用戶生命周期長達 12 年。再者，K12 在校學生佔中國總體在校生的 83%，合計有接近 2 億人；而且 K12 的培訓需求是非常剛

性的，無論學生或者家長均對教育非常重視，因此需求是長遠和持續。而近年，市場對在線教育趨之若鶩，原因是因為網絡基礎設施的進步和技術提升（未來5G技術升級），線上相對線下具有更強的規模效應，因而導致眾多企業激烈投入資金，大舉推進業務。據艾瑞諮詢數據顯示，2017年在線教育市場規模達1,917億元人民幣，2018年達2,321億元人民幣，預計2019年規模將近2,700億元人民幣。

至於競爭格局方面，線上教育現處於更早期的發展階段，也因為具備互聯網的基因，我們深信行業發展速度和集中度提升將會快於線下，因為能夠通過網絡實現更好的規模效應。現時市場主要有三類玩家，一個是傳統的線下機構像新東方、好未來，另外就是純在線的教育機構猿輔導、跟誰學、作業幫等，以及互聯網巨頭做的如網易有道等。這三類機構，由於企業的出身和基因不同，打法上還是存在差異性。譬如那些純在線平台和傳統線下機構，他們主張做在線雙師大班；而很個別的玩家如新東方在綫（1797）般則選擇做小班教學。

K12在線教育競爭於2019年升溫，根據36氪相關數據，好未來、猿輔導、作業幫預計分別投入10億元人民幣、7億元人民幣及4億元人民幣，十多家在線教育公司投放總額總計約30至40億元人民幣，其中好未來、猿輔導在2019年暑假促銷課招生規模超過100萬人次，作業幫2019年暑假招生總規模約200萬人次（正價班和特

價班），三家公司的特價班轉化率為20至30%，正價班續班率預期70至80%以上，而新東方在綫2019年暑假招生規模約20萬人次。

新東方在綫找到發展路徑

我們於2019年年末審視不同K12課後培訓公司的發展歷史、業務模式、行業趨勢及最新管理層訪談，最終認為港股上市的新東方在綫或許已找到一條頗佳的在線教育發展路徑。

新東方在綫最初主要透過旗下主要平台「新東方在綫」，以及「優播」、「多納」及「酷學英語」平台提供課程；更為中國機構客戶提供教育內容套餐，機構客戶包括大學、公共圖書館、公營機構以及電訊營運商及在線視頻串流服務供應商。公司主力透過不同的線上平台及手機應用程式以多種形式提供三個核心分部的課程和產品，包括大學教育、K12教育及學前教育。大學教育服務主要包括大學考試備考、海外備考及英語學習。K12教育服務包括涵蓋中國小學至高中大部分標準學校學科的校外輔導課程，及提供專為普通高等學校招生全國統一考試而設的備考課程。學前教育方面，集團透過旗下「多納」品牌產品組合，包括多納應用程式系列及多納外教學堂（外籍教師的英語教學直播課程），為3至10歲的兒童提供互動英語學習體驗。

以「優播」主打3至5線城市

其中，我們認為主打3至5線城市（新東方線下從未進入之城市）的「優播」潛力最大，也有其發展優勢。綜合優播CEO朱總的看法，優播選擇低線城市發展，這是因為這些城市的公立學校分布大概是一兩所重點高中，五六所初中，以及更多數量的小學。高中生一般而言大部分時間要留在學校裏或者進行補課，根本沒時間參與課外補習；但是課外教培市場則是以小學及初中為主，有些公校老師私下成立小型培訓機構。但是，最近國家出台打壓在職教師補課現象，因此導致小型培訓機構會有生存問題。或許這些老師可以選擇創業單幹，但是一旦離開了學校，獲客優勢便會減少，缺少了生源。當然，一些較具規模的教育機構也可以選擇下沉至這些城市，但是需要資金量大，宣傳長時間，實際操作比想象中困難得多。

小班模式增留存率

優播實際上是一種類近O2O的形式，雖然教育部分依然是以網上進行為主（小班教學，每班不多於25人），但是公司會設置實體門店提供以下功能，包括1）進行招生及篩選人群，招生方式跟原來線下的方式類似；2）服務當地家長去理解產品，可以有專人指導和幫助，也包括教材配送服務；3）嘗試與當地公立學校展開合作關係及4）授課老師會定期到城市開線下見面會。這種線下配合

線上的模式，我認為能夠有效地減低了獲客成本（公布的數字為數十元人民幣而已，是眾多線上教育公司中最低）和提高家長的信任度，而且學生留存率也因為小班模式而被提高。

從管理層提供的公開數據中得知，優播一開始進入城市的第一年是以低價班開始招生，第一年100萬至200萬元人民幣收入規模，第二年500萬元人民幣收入，盈虧平衡，第三年就達到800萬元人民幣收入，並開始盈利。公司估計有機會再3至5年便做到2,000至3,000萬元人民幣收入，最終目標為5,000萬元人民幣。優播因為少了租金成本（只佔收入約11%），互聯網使用費只需佔收入5至8%，因此毛利有機會達到60%以上，最終淨利潤在20%左右。

我們認為這種線上線下相結合的模式在短期內面對的競爭更少，發展空間更佳，有其存在或者成功的原因，值得大家繼續密切關注發展趨勢和效果。

商業模式方面，現時K12在線教育主要可分為兩個模式，分別是大班模式（主流包括好未來、跟誰學等）及小班模式（新東方在綫）。大班模式一般學生人數在300或以上，通常會配備一名經驗豐富的授課老師，並且配搭一名課後輔導老師，但是師生互動性較差，而且對頻寬有較高要求。大班模式一直較為被主流公司所選擇，原因不難理解，因為這種模式能夠有效地降低成本（大幅提升老師的利用率）和擴大學生覆蓋。但是缺陷是教師難以通過屏幕了解到不同學生的進度和理解能力，學生往往無法享受到最佳的效果。

而小班模式則是運用線下體驗店獲客及小班直播的模式，通常每個班級的學生數量在30人以內，課堂及課後均由同一老師負責。

依賴口碑和品牌力

暫時而言，大班模式看上去的發展相對成功一點，但是我們卻從另一角度去思考這個問題，教育的本質是教學質素，最終決定哪家公司能夠走到最後，必然是依賴口碑和品牌力。新東方在綫選擇的小班模式，發展起來或許不會快速爆發，因為要不斷配備充足的師資，但是我們深信對學生成績的提高效果會很不錯，因此我們認為小班模式有其生存和成功的空間。始終教育跟通常的互聯網公司還是存在一定差異，就算初期規模提升得很快，但是最終如果師資或內容跟不上，服務質量下來了，家長和學生還是不會願意再次回來。

當然大家可能會疑惑，既然小班教學有其獨有優勢，為何暫時主流並具規模的競爭者只有新東方在綫旗下的優播呢？這裡我們想主要有以下幾個方面，其中一個是盈利模式不及大班模式般確定；第二個因素是這個模式走起來發展會較慢，其中最困難就是培養老師，以一個有100萬學員的小班機構，可能就需要5,000名老師，這樣對培訓的要求極高。但是，反過來說，我們認為這種模式構成了最大的護城河，先假定這個小班模式是長期正確的話，當優播走通了這個商業模式，別的對手（包括龍頭好未來在內），要想短期內追

趕也很難，而這種模式除了一些業內龍頭，基本上也很難有其他競爭對手能夠支撐起這樣的教師培訓和儲備。

提供在地化教材

再者，剛才提到小班模式較大班模式上更能體現教學質素，這除了以上提到的互動問題外，在地化（Localization）教材也是重要一環。中國地域廣闊，不同地域下的學生也有很大差異，就是這種差異性，導致很難以一個大班面對不同地域學生時均能提供最適合程度的教材。現在主流打法在線大班就是用精英老師，用全國化的教材去覆蓋盡可能多的市場，可能對於中短期來講，這是一個相對來說比較有效去佔領市場的一個策略。但是說未來從長期來看，我們覺得仍然需要分模式去看具體的一個細分市場，滿足不同地域，不同家長和學生的需求。小班模式能夠有更好的課程設計，可以做到更具互動性，也能夠更好地做到本地化，特別是能夠與本地的學校內容相配合，或許能夠更好的提升學習效果。

新東方在綫於 2020 年公布了 2020 財年上半年業績，數字上虧損是加大了，也引來一些投資者的擔心；但是實際上，我們認為財報的資訊是「結果」，而不是「原因」，虧損加深是因為公司現在正在處於原有業務整合期和新業務（東方優播）的快速拓展中所引致，因此財務數字只是一個滯後的反映。

聚焦核心 精簡產品線

公司管理層早早已經提過要聚焦核心業務和精簡產品線，因此我們不難看到大學業務增速大大放慢、幼兒業務也下滑了，但是這正正反映了公司在確切執行原來的發展計劃。現時大學業務將會專注於國內大學備考和海外備考，而K12業務則專注在大班雙師課程和優播，而最後學前業務則專注優化多納APP。

當然，也有人會指出K12的業務增速不高，比不上別的對手每每以300%或以上的增速發展；但是大家務必要留意的是公司的K12主打為優播，優播的商業模式為小班教學，因此爬坡期相對較長，需要每一個城市去配備具培訓的教材和老師，因此短期發展速度必然落後於在線大班。而且，有投行看到虧損大了，便認為實現盈利更遙遙無期了，這也是長線投資者與短線投資者之差別。我們的看法是樂見虧損加大，因為這就側面證明公司認為優播的發展模式是正確的，現在是時候大力推進發展。

小班教育發展空間大

優播的商業模式已經進入了第四年，原來公司計劃2020財年新增60個城市，但是上半年便已新增了65個，2020財年計劃80至130個新進入城市，2021財年繼續新進入80至130個城市。公司目標城市是人口100萬的城市，大約會有300個，計劃2至3財年

盡快鋪滿，預計小班教育的空間還非常大。

2016年，公司首次進入了第一批8個城市；然後第二年進入第二批18個，接著第三年進入第三批35個。公司在電話會議中透露這些已進入之城市的歷史數據每年的增長很好，第一批4年的運營，到2020年結束，3個完整財年的數據都有了，第一批大多數在第三年能貢獻利潤，第二批比第一批走的更好，也是公司為何認定小班互聯網教學被底線城市認可。也正正是因為需求旺盛，公司才會更加激進拓展業務。

內地市場競爭激烈，一旦商業模式被認可，便要火速霸佔市場，不然只會讓後來者複製成功模式。據優播的CEO分享，實際上現時已經有不少跟進者了，比如樸新網校、星火網校、鹽課堂、樂學在線、大力小班等等，不過因為各種原因，這幾家只部份學習了優播模式。我們認為只要一日最大競爭對手學而思不選擇跟進小班模式，那麼優播的優勢還是可以的，可以安心地霸佔市場，形成壁壘。優播的最大優勢是能夠解決低線城市的教學需求，因為低線城市師資水平不一，而優播CEO提到公司能用年薪20萬讓一個211背景（即就讀於面向21世紀、政府重點建設的100所的高等學校）的畢業生成為四五線城市的在線小班老師，而同樣的價格卻不能大量吸收他們去四五線城市當線下老師。

圖表4.4 新東方在綫(1797)股價走勢(2019年中至2020年中)

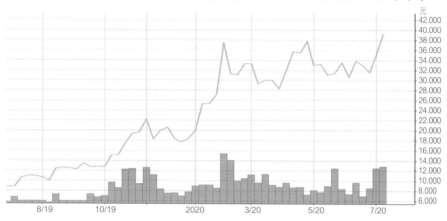

總結：
在線教育看品牌、師資及資金實力

中國在線教育市場的規模將會很大，未來增速也很快，我們認為市場集中度會更高，而新東方在綫會成為其中一個領導者。雖然公司虧損正在加大，但因為其建立了一個好的商業模式「優播」，並得到事實引證，需要加大投資在競爭對手未成氣候前搶奪市場。我們研究公司的發展是需要用望遠鏡思維，而不是運用倒後鏡來看，一時報表上的虧損也不代表是完全不具備投資價值，反而有利於未來公司發展。

大機構較有優勢

另外，2020年新冠肺炎疫情也加速了在線教育的發展，無疑是替在線教育打了一場價值千億的廣告，這是一個長期的大利好事件；同時，公司也因為流量迅速增加，被逼反過來要快速升級整個互聯網技術。新東方在綫在2020年大刀闊斧整頓整個管理層架構，態度很堅定，目標很清晰，這對公司發展是長期利好的。

在線教育主要是看品牌、看師資和資金實力，存在某種互聯網基因，講究打法、先發優勢和規模效應，因此到發展後期贏家應該還是大機構有優勢。

第五章

焦點二：
「疫經濟」
醫療

5.1 國策支持 創新藥企看高一線

中國近年大力推進藥企一致性評價，同時國家醫保目錄中新增創新藥的比例也大大增加至超過10%，而其中國產創新藥的納入比例也大大調高；另一方面，國家同時推行帶量採購，一眾仿製藥的價錢被大幅降低。國家通過對創新藥的鼓勵和仿製藥的壓抑，企圖倒逼國內藥企加速創新，令更多傳統仿製藥藥企紛紛轉型至創新藥企，也催生了一批創新型研發藥企，集中研究某些重點領域如抗腫瘤藥、孤兒藥等。

(140)

創新藥定義：首創新藥和仿製創新藥

針對創新藥的定義，國際慣例主要是分為兩大類別，分別是首創新藥和仿製創新藥，而首創新藥主要是指First in Class（FIC）藥物，而仿製新藥則是指Me-too、Me-better及Best in Class等藥物。一般而言，FIC藥物是指藥企根據最新疾病學研究的突破去尋找到一些候選靶點，從無到有逐步合成候選化合物，繼而再通過多重試驗和篩選，最終才研發出能夠既安全又能治療到疾病的藥物。創新藥的研發時間長，而且投入花費巨大，成功率卻偏低；當然，

一旦研發成功，藥企將能在專利期內享受超高利潤。而 Me-too、Me-better及Best in Class等藥物則是指藥企根據公開的FIC藥物信息，進而研究其分子結構和化學特性，在其原有結構上進行修改和改進，從而得到一個分子結構不同，但是藥效非常近似的藥物。而也正正因為其研發不是原創性，因此研發風險和費用相對會較低。

內地創新藥還有10倍增長空間

中國的藥企基本上均是從仿製藥起家，但是隨著新近的政策變化，他們也陸續需要朝創新藥的方向進發。現時，創新藥佔國內總體藥品銷售的比例還是相當低，估計大約為中至高單位數；倘若我們參考海外市場的話，不難發現美國的創新藥佔總體藥品銷售的比例高達75%，而歐洲及日本等地均佔上60%或以上。因此，哪怕我們假設國內藥品市場的銷售總額保持不變，國內創新藥應至少還有10倍或以上的增長空間。

帶量採購倒逼藥企向創新藥方向進發

過往創新藥的佔比不高，自然有其歷史原因所引致的，譬如以往國內醫保對創新藥的支持較少，而且新納入創新藥的步速也不夠快及靈活；但是正如文章開首提到，醫保對創新藥的支持已大大提升。

同時，國內也推行一系列政策以提高藥企的創新研發能力，因為過往本土藥企在研發開支的投入均與海外藥企相差甚遠，而且研發方向集中在仿製藥上，長期價值不高。於是，國內紛紛推出不同的計劃項目，譬如「863計劃」、「973計劃」、「自然科學基金」等均將生物醫藥研發作為優先輔助項目，並作重點扶持。而帶量採購的政策下也倒逼越來越多藥企向創新藥的方向進發，唯有創新藥才可以享受較高毛利，並且成為利潤的支撐點。

中國過往原始創新能力較為薄弱，醫藥研發主要停留在仿製藥的水平，國內上市的創新藥也多為Me-too藥物，缺乏首創First in Class藥物，只能憑藉低廉的價格優勢去搶佔市場，但同時享受較低利潤。創新藥研發是一個高投入、高風險、高回報的行業，國內藥企如要取得長期成功，除了研發方向及能力外，更需要掌握天時地利人和三個重要因素。而近年來國內新藥研發環境顯著改善，這些年來陸續發布了多項對創新藥物研發的支持政策；另外，大量海歸人員回國創業，在當前國內鼓勵創新、為創新藥審批開闢綠色通道等政策的推動下，創新藥的研發和審評周期已進一步縮短，從而有效地延長產品的生命周期；再者，醫保目錄已進行調整，未來將重點扶持國產創新藥品種，繼而降低病患者的醫療開支，也有助推動銷量放量上升。

抗腫瘤藥成研究焦點

其中，抗腫瘤藥物研發更成為市場熱點，而其中國內多家藥企也紛紛布局免疫檢查點抑制劑（PD-1／PD-L1）的研發。隨著人類對癌症的認知增多，近年藥企紛紛大舉進入「免疫療法」之研究，簡而言之，此療法便是透過不同方式去增強或者調整人體自身的免疫系統，以擊倒癌細胞。其中一個方式為免疫細胞療法，意思是將病人自身的細胞拿出體外加工，強化它的能力，然後再放回人體內的療法。第二種便是PD-1／PD-L1抑制劑，在正式介紹之先，我們先要了解癌症是如何得來的，癌細胞本屬人體細胞，只不過是因為變異而成；而本身人體的免疫系統內存在一種T細胞白血球，是能夠吞噬癌細胞；由於人體內部希望調控T細胞的活動能力，以避免

T細胞的活動能力太強，好壞細胞也一起殺掉，因此T細胞表面上存在一個「按鈕」，它叫做PD-1，只要關掉PD-1按鈕，T細胞也會停止活動。遺憾的是癌細胞本身也非常聰明，他們懂得分泌一種PD-L1的觸手，可以關掉PD-1按鈕和停止T細胞的活動。因此，PD-1／PD-L1抑制劑對於治療癌症的用途便是施打PD-1抑制劑，讓T細胞不會被關停；或施打PD-L1抑制劑，讓癌細胞不能分泌觸手。

目前，這種免疫抑制劑療法，可以用於治療包括惡性黑色素瘤、肺癌、頭頸癌、腎癌等多種惡性腫瘤，極大程度上提高了癌症患者的存活率。據EvaluatePharma預測，2020年PD-1/PD-L1抗體市場規模將達到350億美元，2015年至2020年複合增長率61%；國外企業針對該靶點的研發競賽非常激烈，目前BMS、默克、羅氏和阿斯利康較為領先。國內方面，君實生物的特瑞普利單抗於2018年12月成為首個獲批上市的國產PD-1單抗，適應症是二線治療黑色素瘤。而信達生物的信迪利單抗是第二個獲批的國產PD-1單抗，已獲批適應症為復發/難治性經典霍奇金淋巴瘤，其他在研適應症穩步推進，肺癌、肝癌等大癌症適應症研發進度國內領先。

從綜合能力去分析，國內藥企如恒瑞醫藥（600276.CN）、百濟神州（6160）、信達生物（1801）及君實生物（1877）等均值得長期跟蹤及留意，期待未來有一天中國會跑出一至多家藥企，可以比肩互聯網科技巨頭的市值。

抗腫瘤藥物市場是全球用藥第一大

綜觀全球，目前抗腫瘤藥物市場是全球用藥第一大的治療類別；2015年全球抗腫瘤藥物已達789億美元，總體市場佔有率為8.27%；2010年到2015年，全球抗腫瘤藥物市場的年複合增長率為6.96%，高於處方藥總體市場水準。與此同時，中國也明確提出，總體癌症的五年生存率要從30.9%為基線，到2020年提高5%，至2025年提高10%，這一目標已被寫入《中國防治慢性病中長期規劃（2017－2025年）》，為積極的癌症防控政策出台留下了想像空間。

根據中國國家癌症中心最新發布的2017中國城市癌症資料最新報告，其中指出中國每天約有1萬人確診癌症，相當於平均每分鐘就有七個人得癌症。到85歲，一個人患癌累積風險為36%。隨著中國經濟水準提高，人均壽命的增長，腫瘤的患病率也在提升，而治療需求也持續增多。隨著腫瘤發病率和死亡率持續增高，與腫瘤相關的藥物市場也迎來快速的發展。

過往針對癌症，醫生一般會使用傳統治療方式，譬如以手術切除腫瘤、化療及電療等；其中優點為以手術配合化療或電療是對早期腫瘤最有效的治療方法，但是缺點也非常明顯，就是對晚期或已擴散腫瘤的治癒率相對低，而且化療經常會產生抗藥性，導致復發率高及副作用大（影響正常細胞）。

而隨著時代進步和醫學昌明，現時除了傳統方法外，醫生一般也會考慮使用靶向治療，分別是使用生物製藥（單克隆抗體，CAR-T，溶瘤病毒，疫苗；一般統稱為大分子化合物）或化學製藥（小分子化合物）來進行治療。其中優點是能夠延長患者的生存期，並提高患者的生存質量，同時也能準確地定位治療，針對性強，所以副作用較少，尤其適用於晚期病人或無法忍耐化療的患者；而缺點則是費用高昂，也不是每個患者都適合，也有機會產生抗藥性。

我們於早前的文章中也分享過PD-1/PD-L1（或簡稱單抗）的治療方法及原理，這是一種具有獨特優勢的生物靶向藥物，具有特異性高、靶向性強和毒副作用低的特點。伴隨著抗體技術的不斷發展以及新型抗體的不斷出現，單抗藥物已成為製藥業發展最快的領域之一，目前正在研究的生物技術藥物中有四分之一都是單抗藥物。與此前傳統靶向藥物直接殺滅腫瘤不同，單抗通過激活人體自身免疫功能進行腫瘤的治療，不針對特點腫瘤，具備了廣譜抗癌優勢。譬如，現已上市9款單抗的獲批適應症已涵蓋肺癌、黑色素瘤、腎癌等18種腫瘤，在同一適應症中也往往由後線治療同一線、輔助/新輔助治療拓展，獲批適應症還在逐漸增加，適用病人群體不斷擴大。

四家單抗研發的領頭公司

按照海外已獲批適應症預測國內單抗市場規模，國產單抗定價預計在10-12萬/年。根據不同適應症的無疾病進展生存期進行市場

規模預測，預計總體市場規模約為450億元人民幣/年。其中，肺癌由於發病人數多，預計是最大的適應症，市場規模約為168億元人民幣/年，其次為肝癌、胃癌，預計市場規模分別為94億元人民幣、85億元人民幣/年。目前PD-1臨床競爭激烈，競爭主要看臨床設計能力、臨床資源協調能力、研發效率、學術推廣和銷售能力等綜合實力。

目前中國在單抗研發的首四家領頭公司，分別是恒瑞醫藥、百濟神州、信達生物及君實生物。他們現時呈差異化競爭格局，四家公司均有優秀的臨床設計能力、臨床資源協調能力、高效的研發體系、專業化的學術推廣團隊。在此四家公司以外，估計最終還只剩下1至2個席位，其他研發排名更後的公司將不會有太大投資價值。

圖表5.1恒瑞醫藥(600276.CN) 股價走勢(2019年1月至2020年中)

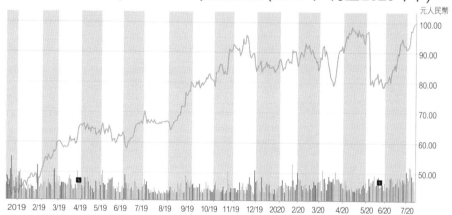

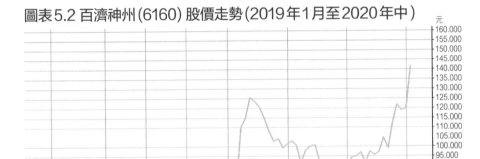

圖表5.2 百濟神州(6160) 股價走勢(2019年1月至2020年中)

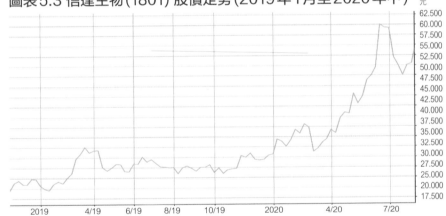

圖表5.3 信達生物(1801) 股價走勢(2019年1月至2020年中)

圖表5.4 君實生物(1877) 股價走勢(2019年1月至2020年中)

總結：

看創新藥企 看研發管線和公司人才

看醫藥公司，尤其是創新藥公司；我們在估值上不看市盈率（PE），反而把精力都放在研發管線和公司人才上，研發管線的藥物是否有特點？是否有稀缺性？是否有龐大的需求？管理層能否持續開拓新藥以創造價值？這些有正面答案，才是未來的盈利保證。投資醫藥公司並不是單純的投熱點，而是要細心分析每家公司的優勢，從中選中最好。

5.2 醫療器械：
愛康醫療 (1789)
及春立醫療 (1858)

我們認為中國醫療器械板塊於未來很多年也會是一個增長賽道，為甚麼？首先，人口老化是全球問題，中國也沒分別，中國60歲以上人口數量在2017年已超過2.4億人，預期到2025年的佔比達20%。而老年人病大多是心血管病、腦血管病、關節病痛等，而前兩者近年靠微創介入，減低手術後病人的死亡率。另一方面，長線資金投入加速研發下，國產產品水準持續提升，技術達標兼和外國產品有競爭性，但價格較低下，性價比因而較高，而中國醫保傾向性支持國產產品，如保障手術費用百份比較高，甚至有些只受理國產產品，也令國產產品的銷售增幅明顯較高。

收入料每年有雙位數增長

全球醫療器械整體發展較成熟，主要企業的預期收入每年增長在中單位數，而中國醫療器械仍在發展較早階段，主要企業的預期收入每年增長有雙位數，以細分行業看，耳鼻喉及心血管的增速最高，預期至2024年每年增速約18%，其後為骨科及影像診斷。加上國產替代進口趨勢下，中國醫療器械企業收入增長預期將更高。

骨科醫療器械最吃香

骨科醫療器械為預期增長較快的細分行業，當中有三大類別，分別是創傷類、脊柱類及關節類，以關節類的滲透率最低，於2017年只有0.6%，國產佔比較低，於2017年只有24%，增速卻是最快。在2018年，中國的關節醫療器械企業市場佔有率，首四位仍是外資品牌，但以國產品牌收入增長最快，當中愛康醫療（1789）及春立醫療（1858）已形成寡頭壟斷之局，受惠這個國產醫療器械潛力最大的細分市場。

以上所說，是從上而下找亮點，或許對大部份投資者言，從下而上也可引發投資關節醫療器械企業的興趣，大家肯看看新聞，或多與別人交流，也會知道越來越多老年人因關節痛症而需做俗稱「置換膝頭」的手術，隨著人口老化，此手術剛性需求有增無減，好像在香港，市民若有需要，於公立醫院骨科需要排上四年才等到進行手術，若要光顧私家醫院，則需用上十數萬港元，但仍有病人不想等待而光顧，可見市場增長空間非常大。

盈利及估值齊升的「戴維斯雙擊」

我們於愛康醫療及春立醫療在2019年8月公布上半年業績後進行詳細分析，並決定作出投資。自2018年1月至2019年8月，愛康醫療及春立醫療股價分別上升127%及323%，當時不少有「畏高

症」的投資者擔心股價是否已見頂，因為股價高與不高，大部份投資者會以股價已經上升多少來衡量，可惜這是捉錯用神。衡量一間公司股價是否過高，不是看股價本身，而是看市場估值，而市場估值可以去到哪個水平，則要考量其預期未來盈利增長、行業及公司的可塑性、公司的市佔率及競爭優勢等，因為兩間公司所處行業未來增長空間廣闊，並受惠國產替代進口趨勢，產品性價比高有競爭優勢，市佔率亦在持續提升，我們認為正處盈利及估值水平同步提升的「戴維斯雙擊」的最佳投資時機。愛康醫療及春立醫療的股價自2019年9月起迎來爆發期，至2020年5月分別上升241%及352%。

圖表5.5 愛康醫療(1789) 股價走勢(2018年1月至2020年中)

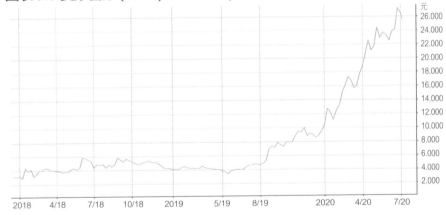

圖表5.6 春立醫療(1858) 股價走勢(2018年1月至2020年中)

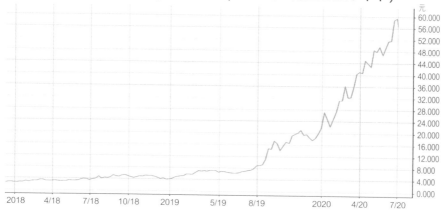

分析業績增投資信心

於2019年9月我們決定作出投資前,也透過分析愛康醫療及春立醫療當時最新的業績,增加對兩間公司的信心。愛康醫療於2019上半年收入按年升59%至4.38億元人民幣,毛利按年升60%,毛利率由69.4%提升至69.6%;純利按年升82%至1.30億元人民幣,純利率由26.0%提升至29.6%。另一方面,春立醫療於2019上半年收入按年升76%至3.75億元人民幣,毛利按年升87%,毛利率由63.7%提升至67.7%;純利按年升117%至1.09億元人民幣,純利率由23.7%提升至29.1%。兩間公司的收入及盈利正處高增長,更重要的是毛利率及純利率正在提升,源於技術及產品檔次同步上升,是增長型企業健康發展的正面趨勢。

圖表 5.7 愛康醫療及春立醫療展示增長型企業健康發展的正面趨勢

2019年上半年	愛康醫療	春立醫療
收入	按年升59%至4.38億人民幣	按年升76%至3.75億人民幣
毛利	按年升60%	按年升87%
毛利率	69.4%→69.6%	63.7%→67.7%
純利	按年升82%至1.3億人民幣	按年升117%至1.09億人民幣
純利率	26%→29.6%	23.7%→29.1%
研發費用	按年升79%，佔收入由7.1%→8%	按年升187%，佔收入由4.2%→6.9%

愛康醫療：首推3D打印金屬植入物

另外，愛康醫療的研發費用按年升79%，佔收入比率由7.1%提升至8.0%；春立醫療的研發費用按年升187%，佔收入比率由4.2%提升至6.9%。研發投入對醫療器械行業非常重要，尤其是中國企業，這樣方可和進口產品作正面競爭，而3D打印更是一個可以突破的據點，這方面以愛康醫療走得更前，是首家在中國市場推出國家藥監局批准的3D打印金屬植入物的骨科公司，並於上半年協助中國醫療器械行業協會制定了一系列行業標準，而春立醫療仍處產品開發階段，此解釋為何愛康醫療於2020年的估值提升上比春立醫療更快。

業績及前景均受國策影響

留意植入性骨科醫療器械這行業和其他醫藥股一樣，業績及前景也會受到國策所影響，國務院於2019年7月公布「治理高值醫用耗材改革方案」，目的是完善價格形成機制，降低高值醫用耗材虛高價格；規範醫療服務行為，嚴控高值醫用耗材不合理使用；建立健全監督管理機制，嚴肅查處違法違規行為。其後出現的江蘇、安徽、福建的帶量採購方案，僅明確採購總量下，終端價雖下調不少，但降價幅度大部份由中間經銷商承受，對出廠價影響不太大。不過，浙江省藥械採購中心於2020年5月下旬擬訂「浙江省公立醫療機構部分醫用耗材帶量採購文件（徵求意見稿）」，則對中標企業的中標量和中標價皆做了明確規定，可能會帶來企業在降價上新的博奕，不過仍在徵求意見稿階段，實質影響未見。2020年7月，江蘇省進行人工關節帶量採購，規則和2019年的有點不同，一是為期延長至2年，二是明確分配中標企業銷量劃分，令競價更激烈，結果中標國產終端平均降價80%，中標進口終端降價60%，幅度比預期高，加上預期政府於全國逐步推行高值醫用耗材帶量採購，不明朗因素加大。

總結：
帶量採購帶來不確定
聚焦公司持久研發力

中國醫療器械公司隨著多年研發投入，產品競爭力提升，加上政策鼓吹「國產替代進口」配合，而國內需求日益增加，令業績持續增長。不過，政策有利有弊，帶量採購的持續推行令行業的不明朗因素加大。首先，我們相信政府藉帶量採購壓價是惠民政策，但不會同時扼殺中國醫療器械公司的未來發展，因此我們的焦點會在公司能否持續投入足夠研發以創造價值。

公司靠持續研發創新

帶量採購以往幹掉的是不入流公司，好像醫藥企業中國生物製藥（1177）旗下主力正大天晴的恩替卡偉於2018年12月的帶量採購價格降價90%，當時市場非常擔心以後怎樣走下去，股價一個月內累跌三成，不過公司靠持續研發創新，收入及盈利保持高增長，18個月後的股價已是當時的三倍。

以注碼多少控制風險

我們的著眼點是公司是否可以持續優質，是否可以持續增長，令我們可以保持持有的信心及信念，並以注碼多少控制風險，令組合可以更安心持有。

5.3 醫藥研發外包(CRO)：藥明生物 (2269) 及藥明康德 (2359)

大醫療一直是我們的重點投資範疇，其中包括創新藥、醫療器械及藥物研發外包（CRO）。我們深信這些領域內的龍頭公司正處於黃金賽道高速發展期，以CRO公司為例，投資者可以參考美國1990年代的情況，當年時任美國總統的克林頓提出要大幅降低藥物價格，以減少政府在醫療開支上的負擔，於是一眾藥企只能無奈逐步降低舊有藥物的價錢，同時再加大研發投入，以期望創造新藥以享受較高利潤，最終催生了CRO行業在該十年間取得輝煌的發展，龍頭公司股價在十年內上升10倍。現時，中國的情況與當時美國的背景類似，政府也是為了降低醫保的壓力而推出帶量採購等政策，藥企為了減低仿製藥的降價壓力，只能加大在創新藥的投入，於是也為CRO行業創造了優秀的成長空間。

實際上，海外藥企將藥物研發外包是非常流行的事，而CRO公司確實也有其專業效能，其中包括：

1）CRO企業具備特定專業能力：隨著新藥研發複雜程度的逐漸提升，藥企出於成本考慮，不會在每個研發環節均自建團隊。此外很多生物科技（Biotech）公司採用虛擬研發模式，除核心研發環節外

均由CRO負責。CRO企業通過聚焦特定研發環節，具有成本和資源優勢，尤其在全球多中心臨床、罕見病患者招募這些傳統藥企能力較弱的環節。

2）提升新藥研發效率：一款藥物從開始研發到完成最終審批上市平均需要12-15年時間，而一款藥品專利期通常為20年，因此最終留給藥品的銷售時間可能僅有5-7年。只要研發速度越快，銷售上回收成本也越快，因此藥企對於藥物研發，尤其是專利藥研發公司而言，無一不期望大大縮短研發時間。

3）合理分配產能，降低產能閒置風險：藥企的研發需求通常具有一定波動性，為避免研發產能閒置，藥企通常會將內部的研發產能維持在需求的波谷附近，從而實現較高的產能利用率，而超出藥企自建產能的研發需求則會由CRO企業承接。

中國CRO公司享天然的成本優勢

中國的CRO公司除了受惠本土藥企的研發支出增長外，更能夠享受全球CRO產業鏈不斷向中國轉移。其中，中國CRO公司更享受天然的成本優勢，以藥物研發成本為例，中國的成本為海外的1/3至2/3。而且中國未經治療的患者群體數量大，在中國進行臨床試驗的成本也相對較低也是賣點。

龍頭CRO和大型藥企關係緊密

綜觀現時中港上市的CRO公司，我們相對看好龍頭企業如藥明生物（2269）及藥明康德（2359）的發展，因為CRO服務水平依賴經驗積聚，而且龍頭CRO和大型藥企關係緊密，更可以利用持續併購拓展服務能力，增強優勢，打造一站式服務平台。

藥明生物主力研發生物製藥

藥明生物主力研發大分子藥物，即生物製藥，於2017年公司佔據中國生物製劑研發服務63.5%的市場份額，居龍頭地位。截止2019年6月30日，公司綜合項目數224個，其中臨床前項目106個，臨床早期項目102個，臨床後期項目15個，商業化生產項目1個。項目涵蓋各類生物藥，其中單克隆抗體項目最多，雙特異抗體項目增長最快，有58個項目屬於First-in-Class。2018年至2019年，公司先後宣布在愛爾蘭、新加坡、美國建設海外生產基地，同時計劃在石家莊、上海、成都建設生物藥一體化研發生產中心和全球創新生物藥研發製藥一體化中心，預計到2022年，公司在中國、愛爾蘭、新加坡、美國規劃的生物製藥生產基地合計產能約28萬升，這將有力確保公司通過健全強大的全球供應鏈網絡為客戶提供符合全球質量標準的生物藥。

收取研發服務費用及攤分「專利費」

CRO的商業模式多樣化，除了收取研發服務費用外，有些項目會在客戶藥物成功商業化後以銷售分成模式收取「專利費」，藥明康德更投資多間醫藥企業，我們在公司年報可發現藥明康德投資了不少公司，包括於香港上市的錦欣生殖（1951）及華領醫藥（2552），集團希望建立一個醫藥健康生態系統，並進行選擇性投資，主要集中於可推動醫藥健康行業發展的尖端技術、戰略性長期投資及風險投資基金，以進一步接觸到更多生態系統的參與者並保持科學前沿地位。藥明康德所投資的公司，在藥物研發、臨床及製藥階段於合適情況下也會用上其CRO服務，集團會收取相關費用，可相應減少投資風險，若果所投資公司研發進展順利，也可藉一級市場融資及招股上市時出售股權套利，可算是利用自身優勢而發展出的一個另類投資策略，藉此為股東增值。

藥明康德：VIC商業模式的中國先行者

藥明康德也是VIC商業模式的中國先行者，VIC商業模式主要元素包括風險投資（Venture Capital）、知識產權（Intellectual Property）及研發外包（CRO）。藥明康德於2011年前後用300萬美元投資由兩個科學家成立的美國公司Callidus Biopharma，此公司藉助藥明康德CRO平台進行研發，實現小批量生產用於動物模型試驗，並於2013年被Amicus以1.3億美元收購，藥明康德在

資本市場賺錢外，提供CRO服務會收取費用，過程中得到的數據亦可優化本身CRO平台，正正是VIC模式對CRO機構精妙之處。

圖表5.8 藥明生物（2269）股價走勢（2018年1月至2020年中）

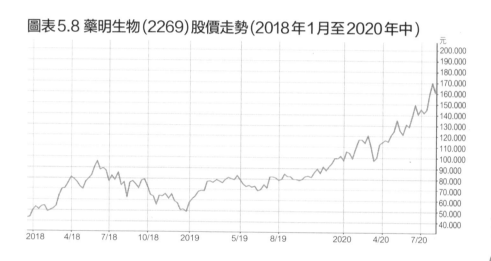

圖表5.9 藥明康德（2359）股價走勢（2019年1月至2020年中）

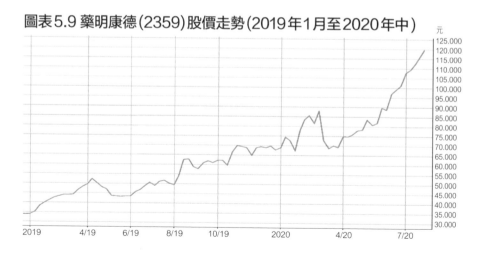

總結：
行業增長空間大
CRO增藥企資本運用效率

全球CRO滲透率在2015年是25.4%，調研機構預測到2022年會升至37.5%，而我們估計最高可達到60%，行業增長空間仍然很大。中國國策支持創新藥，藥企需加大研發投入以加強競爭力，CRO可以令其資本運用更有效率，也可以藉CRO的專業及平台，提高研發成功率。中國醫藥研發支出的按年增速達20%，遠高於全球的5%，當中CRO行業比醫藥行業明顯增速更高，龍頭企業可藉擴產計劃及供應鏈垂直優化，以保持業務高速增長。

第六章

焦點三：
大眾消費

6.1 從物管到城管：雅生活服務（3319）及碧桂園服務（6098）

物業管理在香港屬於業務平穩，曾在主板上市較知名的只有新昌管理，上市股權亦已轉了手，而各大地產商屬下的物業管理公司如新鴻基地產（0016）的啟勝管理、長江實業（1113）的港基物業管理、恒基地產（0012）的恒益物業管理等則未聽聞有上市計劃，印象中新昌管理當年的市盈率只是在10倍水平，地產商也沒誘因費時失事去進行分拆，況且各大物管公司業務平穩，服務性行業淨現金加上輕資產，各據山頭下自己管好自己便可以，也沒有上市集資的需要。

內地物管股高估值有理

不過各自各精彩，國內的物業管理公司卻相繼在香港上市，並且差不多全部都是地產商分拆出來，市值由初時的10倍市盈率水平，到2020年時30至40市盈率已是等閒事，若以傳統目光看中國物管股，會是一個不斷膨脹的泡沫，不過若果這個所謂「泡沫」可以維持一段長時間，市場資金較難長時間處於不理性狀態下，其實反

而已認定這個高估值水平是有充實理據支持。中海物業（2669）是較早上市的中國物管股，於2015年10月上市，在2016至2018年三年間其最高市盈率皆達25倍市盈率水平，2019年提升至30倍水平，到了2020年中，其預期市盈率更提升至40倍水平。

內地物管行業非如港般平板

先前提到香港的物業管理已各據山頭，大多是管理母公司地產商的物業項目，行業整合機會不大，而香港每年的新物業供應算是平平穩穩，而香港的衣食住行也實在太方便，物業管理可以為住戶提供進一步服務的空間不大，這個形勢下，只要做好公司管理及營運，也算是一個入場門檻高的成熟現金牛生意。

內房仍高增長 為物管提供生意

中國物業管理行業發展卻非如香港般平板，首先，中國房地產仍是一個增長中的市場，每年可以為旗下物業管理公司的新增項目提供不錯的增長；其次，中國物業管理行業仍是非常分散的市場，並存在不少為沒有內房母企支持的中小型公司，已經上市集資的大中型公司會有足夠的資金去併購同業，增加市場佔有率，在行業整合中做大做強。

提供更多增值服務提升毛利

另外，中國不少住宅屋苑不如香港般方便，物業管理公司除了提供基本的保安、清潔、園藝、物業維修及保養服務外，也可以為住戶提供家居生活服務、園區空間服務、物業資產管理服務、文化教育服務等，亦會向房地產開發商及地方物業管理公司提供諮詢服務，及示範單位管理服務等，這些不同類型增值服務毛利率比本業明顯高，為業績提供另一個增長點。

以賺錢角度見言，增值服務越做得多，賺得越多，理應受到投資者的歡迎，可是市場資金告訴我們，他們也不是這樣毫無要求的，就以雅生活（3319）為例，2018年全年收入按年升92%，毛利按年升118%，純利按年升176%，業績非常理想，但股價在2019年第三季仍是徘徊格局。再仔細看業績分類，當中外延增值服務（非業主增值服務）收入按年升223%，毛利按年升212%，外延增值服務收入及毛利分別佔整體43%及54%，而此業務其中一個主要服務是物業代理，影響明顯比同業大，市場似乎不大喜歡一間理應防守力較好的物管公司，業績不少程度會受到國內房地產銷售情況影響。

圖表6.1 雅生活服務(3319) 股價走勢(2018年7月至2020年中)

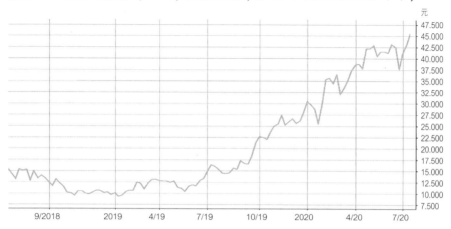

雅生活藉收購加強公共物管

不過，雅生活一個收購，卻改變了此個困局，而這亦是觸發我們投資此公司的原因，因為公司可以更加專注其物業管理的本業。集團於2019年9月尾公布收購中民物業及新中民物業的60%股權，首先，收購後令2020年在物管面積增加約100%，2019年至2021年的每年平均複式增長升至38%；其次，中民物業及新中民物業大部份為公共物業管理，收購後物業管理組合40%住宅，40%公共及20%商業，業務更見平衡，開拓穩定性較強的公共物業管理業務外，更令物業代理業務對整體收入及盈利的影響降低，業務風險比收購前減低。此收購後，我們相信市場會對雅生活有正面改觀，從而提升其估值水平，再加上每股盈利藉此得以比先前預期增加，

這個所謂「戴維斯雙擊」是難得的投資切入點，而事實上公司股價亦自此突破先前的徘徊區並持續上升。雅生活以此收購加強公共物業管理的比重，市場也開始看好這個風險較低的業務範疇，同業爭相相隨，成為物管股估值的催化劑。

碧桂園服務開拓城管服務

中國物業管理股的估值水平在過往數年持續提升，原因之一是基本上每一間公司的業績增長都交到功課，有將集資得來的資金作出併購以增加市場佔有率，市場對此行業的確定性及信心越來越高，自然也賦予更高的估值。另一方面，某些公司的動作持續為物管股的未來開拓更多增長空間，如雅生活開啟了公共物業管理的藍海，而龍頭碧桂園服務（6098）更走出了物業管理的範疇，在其2019年全年業績上，提到已正式入駐遼寧省開原市實行「城市共生計劃」，向其提供一體化的智慧服務，並逐漸開展及實踐增值服務模式，2020年上半年更增加了數個城市的城市服務。碧桂園服務將探行為新型城市治理公共服務，利用市政公共服務覆蓋城市基礎設施、公園景區、文體場館、交通樞紐、醫院學校、商業寫字樓、住宅社區等多業態整合下的一體化運營的城市大物業模式，務求將屋苑管理及社區管理的經驗帶到城市管理層面。雅生活及其他物業管理公司亦相繼於2020年中公布將進軍城市服務此範疇。

碧桂園服務開拓海外業務

碧桂園服務於2020年4月集資近39億港元，令所持現金超過100億元人民幣，於同年7月公布以15億元人民幣收購中國第三大電梯廣告公司城市縱橫，令增值服務的媒體業務擴展至商用物業，而市場亦預期公司將收購國際設施管理公司，藉此開拓海外業務。

總結：
物管非只物業管理　天花板無可限量

從物管公司的業務拓展，可見物業管理相關服務並不是中國物業管理公司的天花板，未來可憑經驗從事城市管理股務，及將增值服務拓展至更多層次，業務增長空間可以比現時市場資金想像的更高，而持續增長的想像空間往往可承拓較高的估值水平。

6.2 頤海國際（1579）處高增長賽道

我們一直追尋的增長股故事——擁有優秀的賽道（行業或生意模式），選擇往往比努力更重要，業績便如滾雪球。而且我們深信用合理價格，以至是稍稍偏貴的價錢買入優秀行業及公司，從長遠看估值的昂貴也會被增長帶動而變為合理。買貴的公司，實際上要對分析判斷有相對強的信心，唯有看得深入、研究得多，你才會下得了手買入表象較貴的公司。

從「海底撈集團」分拆上市

我們是從2017年年底首次關注頤海國際（1579），但是當時並未認知它的增長潛力，因此沒有買入；其後我們於2018年中曾經買入，因為認為業績優秀、增長前景龐大，但是在股市反覆下挫時，我們因擔心它的高估值會令投資者沽售，於是先行賣出，也因此而錯失往後以倍數的升幅。及後，我們在深入分析公司的生意模式、市場前景、競爭優勢及估值等領域後，最終選擇在股價自上市以來升幅已達10倍時依然再次投資。

頤海國際主營火鍋底料和火鍋調味料，是海底撈集團公司之一。公司前身是專門為海底撈門店提供火鍋底料的集團子公司，2013年拆分獨立，2016年於香港正式上市。公司的收入可以簡單分為兩大部分，分別是B2B和B2C業務，各有千秋，其中B2B的生意主要是來自海底撈集團及其關聯附屬公司，是獨家火鍋底料、蘸料和調味料供應商。而B2C業務主要是以通過經銷商、電商渠道銷售給C端零售客戶，其中產品包括火鍋底料蘸料、中式複合調味料和自熱小火鍋等產品。截止2018年底，公司共有52款火鍋調味料，19款中式複合調味料（包括3款即食醬）和7款方便速食產品。按品類來看，火鍋調料是核心業務，佔收入比72.9%，複合調味料9.5%，小火鍋16.8%，此業務為2018年業績增速最快。

業績連年保持高速增長

公司過往業績連年保持高速增長，2013至2017年收入和淨利潤之複合增長分別達到51%和85%。公司業務相對簡單，行業雖然增長前景龐大，但是競爭也非常激烈；惟我們認為公司可以背靠海底撈就是最大的優勢，海底撈國際（6862）自2018年上市後也加快拓展門店，新店將會拉動穩定的B2B需求增長，這部分的增長確定性非常高。同時公司也可以借助海底撈品牌，迅速發展B2C市場，集中資源研發、生產產品、開發銷售渠道，並逐漸形成規模效應，再拓展其他周邊業務。

2018年火鍋調味料收入19.6億元人民幣,佔總營收72.9%,是公司的第一大業務。其中關聯方佔比下降到41.5%,增速28.4%;第三方佔比上升到58.5%,增速31.2%,第三方業務重要性越來越高,對於關聯方的依賴性在逐漸降低。

整體市場200億 料年複合增長15%

根據券商中泰證券資料顯示,火鍋調味料可分為火鍋底料(佔80%)和火鍋蘸料(佔20%),整體市場規模約200億,預期這兩至三年維持15%的複合增長率。而銷售渠道主要可分為B2B餐飲端和B2C零售端,兩者大約各佔100億市場規模。在B2B端,隨著連鎖火鍋餐廳比例不斷增加(估計近年依然保持10%左右的年均增長率),為實現便利標準化與安全高效,越來越多的火鍋店開始使用包裝火鍋調味品,而且火鍋調味料不僅用於火鍋,還能衍生到香鍋、麻辣燙等類火鍋類行業;在B2C端,增長主要來自不斷推進的城鎮化及渠道拓展,一般家庭選擇在家自製火鍋的情況越來越普及。

火鍋底料屬中高端市場龍頭

由於火鍋調味料市場進入門檻低,競爭激烈,行業集中度低,基本上首五位市佔率僅為29.7%。但是隨著消費者消費升級,對中高端火鍋底料的需求不斷增加,中高端產品佔整體市場已經高達25%

或以上，2020年行業規模有望達到76億元人民幣。中高端市場的經營情況稍好，首三位佔51.1%，其中頤海國際是龍頭，整體市場佔有率7.9%，中高端市佔率34.7%。

火鍋料主要有傳統四川底料品牌和火鍋企業衍生底料兩幫公司，前者以「紅九九」、及「大紅袍」為代表，多用於低端餐廳和農村地區，產品單價每包5至10元人民幣，為低端火鍋底料；後者以頤海、德莊為代表，多用於中高端餐廳和城市家庭，產品單價每包10至13元人民幣，為中高端火鍋底料。

中高端火鍋底料改採植物油更健康

再者，頤海國際的高速成長也得益於消費者對健康追求的趨勢。中高端火鍋底料區別於低端火鍋底料主要的點在於其採用植物油代替動物油。傳統的老油火鍋採用牛油反覆熬製，味道醇厚，但是動物油包含飽和脂肪酸，膽固醇含量非常高，對人體健康不利，而新派火鍋底料產品採用的是植物油，比如油菜花籽、大豆壓榨出的食用油脂，含不飽和脂肪酸和植物固醇，且植物固醇不僅不能被人體吸收，還能阻止人體吸收膽固醇。因此植物油的火鍋底料順應了消費者越來越注重飲食營養健康的趨勢。

另一方面，頤海國際的火鍋底料產品打破了大眾對川式火鍋鍋底只有一種口味即麻辣的印象。頤海目前推出的火鍋底料口味多達48

種，其中非辣的營養鍋底佔了50%，傳統的動物油鍋底僅佔9%。橫向比較同類火鍋底料產家，公司不僅是推出產品組合最多的，而且也是口味選擇上最多元化的。多元化的口味不僅有利於公司避開傳統以麻辣為主的川式火鍋底料市場激烈的競爭，也有助於在不吃辣的地區推廣，覆蓋更多不吃辣的消費群體。

利用品牌優勢發展新產品線

頤海國際除了在火鍋調味料保持快速有序的新口味研發，也積極嘗試突破火鍋產品線的限制，譬如利用調味料經驗去發展中式複合調味料。中式複合調味料為混合均勻的即用型調味料，供需要準備相當複雜的混合調味料且口味易受輔料及調味料影響的著名中式菜餚使用。一般人更願意高價購買由知名產商生產的產品，以獲得媲美餐廳的味道及品牌產品的食品安全保證。中國中式複合調味料市場增長迅速，複合增長達17%，預計2020年市場規模達268億元人民幣。

剖析增長動力

中式複合調味料進入門檻也低，行業頭10位市場佔有率僅為17%，75%為中小企業，處於粗放發展階段。強勁增長動力主要來自於兩方面：一是年輕一代因為烹飪經驗不足，生活節奏快，因而

更青睞混合均勻的即用型複合調味料；二是隨著增加產品多樣性及開發優質品牌產品，預期需求會進一步上升。

頤海國際現時提供包括小龍蝦調味料、酸菜魚調味料和麻辣香鍋調味料在內的19款複合調味料，2018年貢獻收入9.5%。與火鍋調味料業務類似，第三方佔比逐步在提升，對於關聯方的依賴性在降低。

首推自加熱小火鍋

於2017年2季度推出的自加熱小火鍋迅速成為爆款產品，截止2018年底，自加熱小火鍋收入佔比已急增至16.8%，成為公司第二大收入來源。

目前市場上比較火熱的自熱小火鍋主要有莫小仙、凰巢、德莊、頤海四類。頤海國際公告稱，據淘寶和天貓的相關數據顯示，海底撈品牌的自熱小火鍋產品銷售額位於該子品類首位。公司在銷售小火鍋產品時，使用的是海底撈品牌，得益於海底撈的強大品牌效應，以及優秀的渠道布局，自熱小火鍋業務開展得如火如荼。公司於2017年下半年迅速推出5款小火鍋，2018年增至8款。

方便自熱小火鍋的鍋底也延續差異化策略，一方面開發多種口味覆蓋不同人群（多種鍋底口味＋豐富食材組合）；另一方面也迎合市場，好像推出客單價在25元左右的健康素食小火鍋，目的是定位素食低消費人群，從而進一步搶佔市場份額。

2018年自熱方便火鍋的市場規模約在15至20億元人民幣數量級，考慮到方便火鍋具有部分替代方便麵的屬性，以及2018年方便麵500億元人民幣的市場規模，保守估計自熱火鍋行業到2025年有望達到100至150億元人民幣數量級的市場空間，有分析甚至認為在樂觀情況下市場規模可達600元人民幣。

多品牌策略

頤海國際實行多品牌策略，其中火鍋調料和自熱小火鍋採用「海底撈」品牌，第三方定製餐飲產品採用「悅頤海」品牌，中式複合調味品採用「筷手小廚」品牌，即食醬為「好好吃飯」品牌，休閒食品為「哇哦！」品牌。

獨有員工激勵機制——海底撈文化滲入

除了賽道以外，我們也非常關注公司的員工激勵機制，因為從來小公司可以依賴老闆的領袖魅力或者人格特質去帶領公司，但是隨著公司的架構越來越大，便會越趨複雜，如何能夠確保公司文化能夠傳承下去，令公司上下齊心邁向目標絕不是一件易事。海底撈之所以能夠在餐飲界成為神話，就是依賴一種極緻的激勵機制，讓員工一方面會享受到放權，同時也能夠自發地將服務做到優秀。

頤海國際董事兼董事長施永宏先生是海底撈創始人，張勇夫婦是頤海與海底撈共同的實際控制人，因而公司在銷售團隊的建設、管理方面深受海底撈文化影響——銷售團隊部分採用師徒制度，老人帶新人，同時採用「合夥人制，成本扣除後的淨利提成」激發員工積極性，捆綁經銷商利益。

公司整個銷售團隊經調整精簡後，銷售人員數量減半至170人，總體人數規模約佔員工總數的8%。經精簡後的團隊，一個銷售人員最多對接7至8個地級市單位地經銷商，因而實質上提升了單個銷售人員的收入。

採合夥人制及徒孫制

除「合夥人制」之外，公司與海底撈一樣也推行「徒孫制」，藉以連住利益，鎖住管理。具體來說，銷售人員自行招聘銷售助理，再將一部分下沉的區域分給助理，助理的工資由銷售人員負責，同時後者也可得到前者的業績提成，極大地提高銷售人員的自主性和積極性。當銷售助理管理下的渠道發展到一定程度時，銷售助理再繼續劃分下沉銷售渠道給下級銷售人員進行管理。在類似「裂變」的過程中，每一位銷售人員的管理範圍都不斷擴大，獲得的收入也快速增加，銷售人員真正成為了「合夥人」，從員工變成老闆，工作動力大幅增加。

這套管理制度在2019年度再度升級，首先上半年公司取消了大區經理制度，使用合夥人師徒制作扁平化管理，希望銷售人員能夠做到薪火相傳，師傅可以分享徒弟的區域利潤5%，以達到經驗傳承，保障銷售增長和服務質素。據公司發布的最新數據顯示，目前銷售人員中的師徒數量大約為180及60名，還有很大空間去拓展新區域。而下半年公司再引入PK淘汰制，對渠道庫存、經銷商反饋、費用銷售比等指標進行分ABC三級評定，公司會淘汰連續3次獲C人員，並鼓勵A級合夥人接管被淘汰業務區域，加強內部競爭。

除了賽道和管理文化外，頤海國際本身為消費品類公司，產品的競爭力和渠道也是一個非常重要的因素。而世上從來沒有永續受歡迎的產品，只有永續不斷的創意，企業的最佳護城河從來就是要做到不斷滿足客人所需，這樣才能永遠保持競爭力。公司為加強員工積極性，解決研發人員與業務部門脫節的問題，於2018年創新引入了產品項目制。在該管理機制下，項目負責人為提出新產品創意並具備統籌管理能力的員工，他們將帶領團隊完成該項目包括從立項到上市的整個流程，公司對於試銷期間的費用全額報銷。依靠公司強大的研發平台和渠道支持進行新產品的開發和銷售，項目組在產品上市盈利後即可得到終身提成。該政策的實施極大提升了新產品開發效率和員工探索市場的積極性。

2020年公司將在中式複合調味料中推出川菜、粵菜、陝西菜等多個地方菜系調味品;而且也會推出速食米飯,此產品應會用隔水加熱工藝,產品意向暫為「15塊錢吃到飽」。另外,公司也會生產海底撈品牌沖泡杯、冷鍋串串,三連包小火鍋等多個產品,有望為增長接力,帶來新盈利增長點。

至於銷售渠道擴張方面,相對於調味品行業巨頭海天味業完善的銷售網絡,頤海國際目前在渠道上還有非常大的發展空間。未來公司工作重心是加速渠道下沉,完善銷售網絡,擴大消費人群覆蓋力度,從而拉動銷量。

採小經銷商制

頤海國際主要採取小經銷商制,近六年來,經銷商數量增加到1,500個,目前已經覆蓋全部一二線城市,三四線城市及以下縣鄉還在不斷擴展中。公司2018年經銷商渠道實現收入12.63億元,同比上升115.2%,佔比提升至47.1%。公司制定的目標是對標海天味業(603288.CN)的3,000家經銷商,還有一倍增長空間。而從區域維度來看,2018年第三方業務40%左右收入來自於陝西地區,國內其他區域以及海外市場的發展空間還很大。同時,公司電商渠道建設也頗有建樹,目前在京東天貓等共有5家旗艦店,佔第三方收入總額的15%。在B2B業務板塊,除海底撈關聯公司外,B2B端客戶也從17年的82家增長到18年的94家。

產能方面，公司長期受制於產能不足的問題，但銷量增長始終高於產能增長，常年超負荷生產，產能利用率超過100%，壓力巨大。公司目前已在積極擴產，2019年9月，霸州工廠預計將投產7萬噸產能，並在2020年繼續擴產5萬噸；同時，馬鞍山工廠二期產能預計將在2020年、2021年分別擴產10萬噸，預計到2021年總產能達到45萬噸左右，以滿足快速擴張的需求。

擴張相對海底撈簡單及高效

總的來說，與海底撈國際相比，頤海國際的擴張要簡單、高效得多。前者需要在全國各地不停地大規模開店，開店前需要選址規劃、新建店舖、裝修設計、招聘新員工，開店後需要導流顧客，1-3個月才能盈虧平衡，各種成本費用項目繁多、耗時久、人力成本高昂。反觀頤海國際僅需要在少數幾個城市建立幾個工廠即可滿足全國的生產需求，所耗時間、精力和費用遠比海底撈少，這也是為甚麼2018年年報披露後，可以看到海底撈國際和頤海國際的營收增速幾乎同步，但利潤增速相差較大的主要原因（前者淨利潤增速60%，後者110%）。而且海底撈國際隨著業務擴張財務報表裏會出現一些小問題，譬如翻枱率會隨著規模不斷增加而回落，這是必然的事，而且開店總有一個天花板；相對而言，頤海國際在財報數字上面對的擔憂會較少。我們持續看好公司的發展，認為未來三年的盈利增長應該還至少達30%以上，目前頤海依然是很不錯的增長股選擇。

圖表6.2 頤海國際(1579)股價走勢(2018年尾至2020年中)

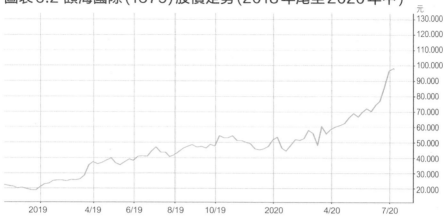

圖表6.3 海底撈國際(6862)股價走勢(2018年尾至2020年中)

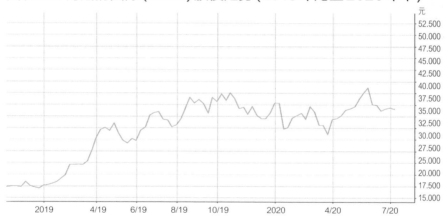

總結：
開拓第三方客戶 減少依賴姊妹公司

頤海國際由收入倚賴姊妹公司海底撈國際，到開拓更多第三方客戶以逐步減低倚賴度，再藉「海底撈」品牌推出自加熱小火鍋等休閒食品，搭建多元產品線，進軍複合調味料市場，為業績持續增長注入催化劑。

公司產品可以持續推陳出新，思客戶所需，按需供應，員工激勵機制可謂功不可沒，讓員工一方面會享受到放權，同時也能夠自發地將服務做到優秀。員工的積極性被大幅提高，亦提升創意及生產力。另外，公司採取小經銷商制，加速渠道下沉，完善銷售網絡，擴大消費人群覆蓋力度，幫助拉動銷量，在整條供應鍵也為增長賦能。

6.3 不景氣行業中尋寶：美東汽車（1268）

當一個行業表現不理想，但身處此行業的一間公司業績卻很捧，會特別吸引我們的注意。不過注意只是整個投資過程的開端，到最後決定買入作中長線核心持股，期間也要經過建立信念的階段，時間及功夫是不可少！

中國汽車以前存量偏低，當人民生活逐步富起來，公路亦越來越四通八達，加上汽車金融的輔助，汽車銷售自1990年每年皆呈現增長，但市場總有飽和時，2018年，中國汽車工業協會數據顯示，汽車整體銷售按年下跌2.8%，2019年跌幅更擴大至8.2%。

曾經是中國國產汽車品牌領頭羊的吉利汽車（0175），盈利連續增長多年後，2018年下半年按年呈現倒退，2019年盈利跌幅更大，每月汽車銷售數字亦持續按年下跌，到年尾才稍為好轉，但是也尷尬地未能符合管理層訂下的銷售目標，其股價表現也自然不理想，2018年及2019年共下跌43%，相同情況也在廣汽集團（2238）及長城汽車（2333）等出現。

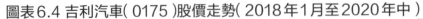

圖表6.4 吉利汽車（0175）股價走勢（2018年1月至2020年中）

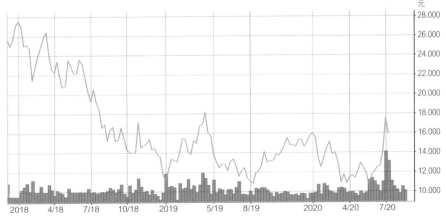

主力銷售外國品牌

中國國產汽車品牌表現差勁，外國汽車品牌又如何？我們在2019年第三季開始將視線轉到主力銷售外國品牌汽車的經銷商，上市歷史最長的有中升控股（0881）及正通汽車（1728），但兩股股價在上半年表現明顯有異，中升控股股價雖說反覆，但整體也上升40％，可是正通汽車同期卻下跌31％，就算不計分拆從事汽車金融的東正金融（2718）的影響，股價表現也相對非常差勁。同時，我們也注意到上市較晚的美東汽車（1268）規模有所不及，股價升幅卻達84％。在一個呈現倒退的行業，公司股價表現理想有一段時間定必有因，始終市場資金的選擇往往是聰明的，所以我們當時便決定就此三間汽車經銷商進行深入分析研究，以求找出所以然來，最重要是會否找出投資機會。

圖表 6.5 中升控股 (0881) 股價走勢 (2019年1月至2020年中)

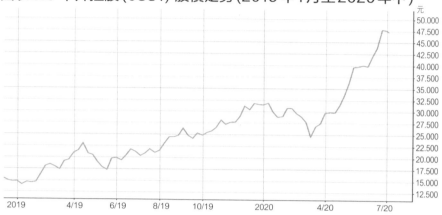

圖表 6.6 正通汽車 (1728) 股價走勢 (2019年1月至2020年中)

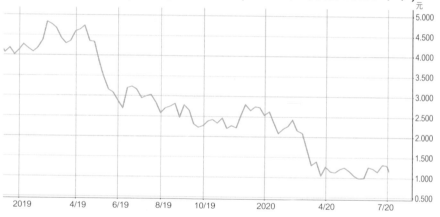

185

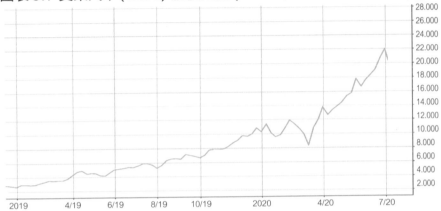

圖表6.7 美東汽車(1268)股價走勢(2019年1月至2020年中) 元

2019年上半年，汽車整體銷售按年跌十數個百份點，但從網上已可找到的相關資料顯示，同期二十家豪華汽車品牌零售銷量按年升17%，當中雷克薩斯（Lexus）按年升36%，保時捷（Porsche）按年升28%，寶馬（BMW）按年升17%，而平治（Mercedes Benz）及奧迪（Audi）只有個位數按年升幅，捷豹路虎（Jaguar Land Rover）更錄得按年倒退。Lexus、Porsche及BMW明顯在中國熱賣，而中升控股及美東汽車正正是這三個汽車品牌的經銷商，自然受惠。至於正通汽車，經銷的豪華汽車品牌雖然也有BMW，但其他如Mercedes Benz及Jaguar Land Rover，表現便有所不及。

一個汽車品牌旗下的車款型號，不同時間的流行程度或會有所不同，對汽車經銷商而言，這方面較被動，但可以主動的是做好汽車

經銷商這盤貨如輪轉的生意，因此經營效率及現金運用很重要，就此我們分析了此三間公司的財務數據，亦發現為何優勝劣敗。

圖表6.8 三間汽車公司財務數據比較

2018年	中升控股	美東汽車	正通汽車
毛利率	逾12%	逾9%	逾9%
存貨周轉天數	34.5天	27.6天	43.9天
應收帳周轉天數	4.1天	3.4天	9.9天
負債比率	146%	85%	181%
淨負債比率	103%	-8%	133%
股東權益回報率	19.9%	26.3%	10.1%
總資產回報率	6.4%	8.7%	2.8%
售後服務收入佔比	13.5%，按年增25%	11.7%，按年增43%	11.6%，按年增11%

美東汽車在各項數據中勝同業

以2018年全年業績分析，三間公司的純利率皆在3.3%至3.4%，正通汽車的毛利率較高，為逾12%，另外兩間公司較低，為逾9%。不過分析對此行業更重要的存貨周轉天數，中升控股、美東汽車及正通汽車分別為34.5天、27.6天及43.9天；再看應收帳周轉天數，則分別為4.1天、3.4天及9.9天，這些指標是越低越好的，因為於正常經營一盤生意，存貨停留在公司的時間越短越好，交貨後從客戶收到現金付款的時間也是越短越好，這兩方面，正通汽車已給比下去，美東汽車則較正通汽車理想。

再看2018年尾的負債比率，中升控股、美東汽車及正通汽車分別為146%、85%及181%，淨負債比率則分別為103%、-8%及133%，當中美東汽車有淨現金。營運效率方面，三者的股東權益回報率（ROE）分別為19.9%、26.3%及10.1%，總資產回報率（ROA）則分別為6.4%、8.7%及2.8%，這兩個財務比率代表營運效益，越高越理想，正通汽車也是明顯較差，美東汽車亦較中升控股理想。

還有一點需要關注，此行業主要收入在新車銷售及售後服務，後者毛利率明顯較高，客戶忠誠度亦較高，所以每間公司也會致力提升售後服務的比重。中升控股的售後服務收入佔比為13.5%，金額按年增長25%；美東汽車的售後服務收入佔比為11.7%，金額按年增長43%；正通汽車的售後服務收入佔比為11.6%，金額按年增長11%，三者中增長明顯較慢。

看過以上數個財務指標，便可知道為何中升控股及美東汽車一大一小的豪華房車分銷商，股價能明顯跑贏正通汽車等同業，而當中美東汽車的表現更理想。

管理層務實 具經營理念

而當我們細閱美東汽車2018年年報的「致股東函」，更發現美東汽車管理層的務實，也了解到他們的經營理念。他們認為「庫存周轉」

是汽車經銷商生死存亡的關鍵，因為從廠家購買新車的時候，90%資金來自銀行或廠家附屬財務機構提供的30至90天票據，如果不能快速周轉賣出汽車而產生高齡庫存，便需要不斷贖回銀行票據，而90%成本的金額相當驚人，會將車庫變成一個無底現金黑洞，這解釋了為何汽車經銷商呈現兩極化的狀態，少數快速庫存周轉的經銷商是印鈔機，而其餘庫存周轉緩慢的會被現金黑洞吞噬，拖垮資本效率，逐漸步入困境。現在再回顧三間汽車管理層的財務數據分析，是否更容易掌握如何才是優秀的行業翹楚。

總結：
美東重視數據分析

若果市場預期整體行業未來將持續高增長，會較易吸引到我們的注意，因為再在當中找出最優質並有護城河的公司，便很大機會成為我們的投資目標。不過，若果整體行業發展不理想，我們也會看看當中的細分市場，會否是另一片天地。

美東汽車管理層重視數據分析，從人均GDP、可支配收入等數據決定在哪個未被發掘及有潛力的3至5線城市以「單城單品牌店」銷售豪華汽車，實行人棄我取，把握消費者較少跨城購車的習性，我們認為這種在行業獨有的生意模式，加上以數據輔助銷售及存貨控制，及做好現金流管理，令公司在行業建立競爭優勢，藉搶奪同業市場以維持比行業高的增長。於2020年，中國仍有200多個城市只有一家或未有主要豪華汽車品牌經銷商，美東汽車這個策略於未來仍有足夠空間為公司提供較高的增長。

第七章

增長股的
投資策略
及風險管理

7.1 投資增長股的策略

投資增長股需要持有一段較長時間，才能達到最佳效果，以創科實業（0669）為例，股價於過往十年升幅可觀，但若果抽某一段短時間看，股價波動很大，若信心及信念不夠，很容易會把持不住而中途沽出，亦未必可把握再上車的機會。

圖表7.1 創科實業（ 0669 ）股價走勢（ 2009 年初至2020 年中 ）

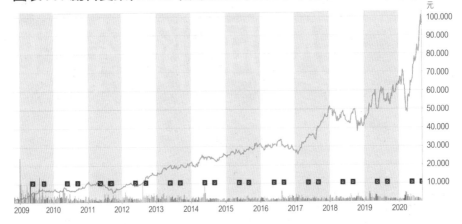

用望遠鏡看公司　進行深入分析

投資增長股需戴上望遠鏡看公司，有中長線思維，目標是至少數年後的股價比買入價有較大幅度的上升；同時，也千萬不要用顯微鏡看公司，受短線股價波動而影響中長線的投資決定。為了避免受短線股價波動影響，甚至投資後不去看股價變動，大家需要對所投資公司的中長線增長前景有足夠信心，前提是需要對目標公司進行深入分析，看看其有否我們先前提到增長股需有的護城河、優質管理層、催化劑等，及符合多少項增長股條件。為了增加持有增長股的信心及信念，我們要投資在自己理解的業務及生意模式，對管理層要有信心，對產品/服務競爭力有信心，持續跟進公司業績、公告及新聞及明白其估值依據。

我們明白，投資增長股達到此理想狀態，對目標增長股有堅定不移的信心，是需要時間累積及沉澱，於此過程中，會面對不少內心掙扎，因此也分享一個現實點的應對方法。當大家選中目標增長股後，可按對此公司的信心及風險承受程度，去決定在投資組合的比重，若果在一間投資信心相對較小或投資風險相對較大的公司買入太多份額，未必是一件好事，因為當股價波幅較大時，股價一時逆向而行便很易守不住而被震走，始終持股太多也會是一種壓力。

保留基本盤 定時去蕪存菁

大家可按既定條件去尋找增長股，隨投資經驗增加的嗅覺靈敏度可以提升準繩度，但現實上也會有選錯的機會，縱使最後證實是選中的，最初的投資比重也未必很多，因此上段雖云要貴精不貴多，但起初建立增長股組合時也需先分散投資。每隻增長股訂下在組合的某個佔比作基本盤，若信心及信念加強，可加注擴大佔比；若減少，可減注縮減佔比，但需保留基本盤，去蕪存菁，組合持股會較為集中，亦會較穩定，長期要做的工作是監察持股的業績是否仍符合增長股的條件，估值水平有否被市場調高或調低，股價遠高於合理估值時可減持，股價遠低於合理估值時可增持；若有任何原因令對某增長股的信心及信念消失，便應決斷即時連基本盤也沽出。另外，當然也需發掘更多增長股，為組合添上新血。投資增長股需具備信心及信念。

不建議投資衍生工具或做槓桿

我們在股市有多年實戰經驗，並順利過渡多個高山低谷，在此歸納並分享我們對投資股市的一點看法。首先，投資要盡量簡單，買入或賣出股票便可以了，不需不時加上衍生工具或做槓桿，令整個事情複雜化，因為逆市時才會往往發現自己不夠能力應付衍生工具造成的槓桿威力；另外，要投資在自己有能力理解的行業及公司上，

不清楚油價升跌因素，便不好去投資石油相關股票上；還有，需要運用自己有足夠信念的方法，若果大家不認同我們所提及的市場資金風向轉變，或對我們所說的未有建立足夠的信念，便請繼續用自己最有信心的方法去投資，不然便自己認真抽時間引證一下我們的看法是實還是虛。

7.2 投資增長股
需注意的風險

投資增長股也不要只顧勇往直前，雖云「進攻是最好的防守」，不過也不可以只管進攻而忽略防守，套用在足球，縱有球王在前線不斷入球，但後防不濟，贏埋都唔夠輸，結果也是徒勞，上世紀70、80年代的巴西足球便是典型例子，直至做好防守，1994年才可重溫24年未嚐的世界盃冠軍滋味。所以大家投資增長股，也需「進攻時不忘防守」，先認清增長股的兩大風險，包括業績風險及估值風險。

業績風險

為避免業績風險，我們需持續關注公司的業績及舉措，若發現公司業績未能再符合未來能維持高增長的條件，對其持續成為增長企業的信念減退，便需認真考慮是否繼續投資下去。需知道過往增長並不保證未來也會增長這事情，況且若果盈利不再增長，市場資金會產生懷疑，市場估值水平也會被下調，估值便需面對「戴維斯雙殺」的另一面雙失而下跌。以維他奶（0345）為例，其於2019年6月公布的全年業績顯示，下半年收入及盈利按年增幅明顯減速，市場對其未來高增長產生懷疑，股價自高位曾下調50%。

估值風險

估值風險方面，需知道增長股的估值以傳統角度看往往偏高，加上短線投機資金的加入，對負面基本因素敏感度較高，因此大家需有心理準備應對股價的經常大幅波動，為防被市場「震走」的風險，便需較深入了解公司並決定較有信念的投資銀碼，務求在公司持續增長下可以一直持有此增長股，以享受未來的成果。

自2018年美國QE後，全球市場利率持續低企，風險胃納增加下，較高風險的增長股估值被持續上調而受追捧，跑贏價值股。若未來全球央行不再放水，或市場低息環境不再，增長股估值或受影響而下調，不過如先前提到，增長股本身業績若能持續高增長，時間可抵銷估值下調的風險。

我們不是宏觀交易的專家，也自問沒有能力去把握市場的每時每刻風向變化。我們的投資框架核心是持續選好公司、選好股票，深信優質的公司能在風雨中持續成長，為組合帶來收益。

以選股規避風險

除非市況出現一些極端的風險，我們一般是以選股去規避風險，這種風險管理機制是事前式，希望透過優秀的選股去規避風險。而且，我們希望是持續找到具備上升潛力之公司，如果你有信心手中

的公司在未來一段時間內盈利持續增長、甚至有機會創出新高，根本沒有必要特別去擇時賣出。市場噪音很多，每天報章頭條總會有不同的新聞上架，網上更無時無刻有很多未知真確性的訊息，因此我們盡量要保持理性的思維去思考，同時要問一問內心，究竟最近發生的新聞及事件會否影響到公司的的基本因素或行業前景？如果答案是否定的話，那樣為何要因為為公司股價的短期波動而憂心呢！

Wealth 123

作者	簡志健（紅猴）、洪龍荃
出版經理	呂雪玲
責任編輯	Wendy Leung
書籍設計	Marco Wong
相片提供	Getty Images

出版	天窗出版社有限公司 Enrich Publishing Ltd.
發行	天窗出版社有限公司 Enrich Publishing Ltd.
	香港九龍觀塘鴻圖道78號17樓A室
電話	(852) 2793 5678
傳真	(852) 2793 5030
網址	www.enrichculture.com
電郵	info@enrichculture.com
出版日期	2020年10月初版

承印	嘉昱有限公司
	九龍新蒲崗大有街26-28號天虹大廈7字樓
紙品供應	興泰行洋紙有限公司

定價	港幣 $158　新台幣 $650
國際書號	978-988-8599-52-3
圖書分類	(1)投資理財　(2)工商管理

作者及出版社已盡力確保所刊載的資料正確無誤，惟資料只供參考用途。

支持環保 此書紙張經無氯漂白及以北歐再生林木纖維製造，並採用環保油墨。